Anselm Ritter von Feuerbach

Kaspar Hauser.
Beispiel eines Verbrechens
am Seelenleben des Menschen.

Memoire
über
Kaspar Hauser
an Königin Karoline von Bayern.

AF216240

Kaspar Hauser

Anselm Ritter von Feuerbach

Kaspar Hauser.
Beispiel eines Verbrechens
am Seelenleben des Menschen.

❦

Memoire
über
Kaspar Hauser
an Königin Karoline von Bayern.

Impressum:

© 2019 Till Müller (Hrsg. u. Bearb.)

2. Auflage.

Herstellung und Verlag: BoD – Books on Demand, Norderstedt.

ISBN: 978-3-74943-027-7

Himmel, laß mich Kund' erlangen,
Da Du so verfährst mit mir,
Welch' Verbrechen ich an Dir
Schon mit der Geburt begangen!

Sigismund (in Calderons *Das Leben ein Traum*)

Seiner Herrlichkeit,

Herrn Grafen Stanhope,

Pair von Großbritannien usw.

Niemand hat nähere Ansprüche auf diese Schrift, als Eure Herrlichkeit, in dessen Person die Vorsehung dem Jüngling ohne Kindheit und Jugend, einen väterlichen Freund, einen vielvermögenden Beschützer gesendet hat. Jenseits des Meeres, im schönen Alt-England, haben Sie ihm eine sichere Freistätte bereitet, bis die aufgehende Sonne der Wahrheit die Nacht verdrängt, welche über dem geheimnisvollen Schicksal dieses Menschen liegt. Vielleicht, daß den Rest seines zur Hälfte gemordeten Lebens noch Tage erwarten, um derentwillen er es nicht mehr beklagen wird, das Licht dieser Welt gesehen zu haben. Für solche Tat kann nur der Genius der Menschheit Ihnen vergelten.

In der großen Wüste unserer Zeit, wo unter den Gluten eigensüchtiger Leidenschaft die Herzen immer mehr verschrumpfen und verdorren, endlich wieder einem wahren Menschen begegnet zu sein, ist eines der schönsten und unvergeßlichsten Ereignisse meines abendlichen Lebens.[1]

Mit inniger Verehrung und Liebe
Eurer Herrlichkeit
gehorsamster Diener
von Feuerbach.

---

[1] Anmerk. d. Hrsg.: Wie sehr doch wurde Feuerbach von diesem Menschen betrogen. Allzu bekannt ist es, wie nach dem Ableben Feuerbachs und Kaspar Hausers im Jahre 1833, Lord Stanhope sich zu einem der größten Feinde der beiden Verstorbenen erhob. Er ist innerhalb des Hauser'schen Kriminalfalles eine der zwielichtigsten Persönlichkeiten. S. hierzu die Werke von Prof. G. Fr. Daumer über Kaspar Hauser.

I.

Der zweite Pfingsttag gehört zu Nürnberg zu den vorzüglichsten Belustigungstagen, an welchen der größte Teil der Einwohner sich auf das Land und in die benachbarten Ortschaften zerstreut. Die, im Verhältnis zu ihrer dermaligen spärlichen Bevölkerung, ohnehin sehr weitläufige Stadt, wird dann, zumal bei schönem Frühlingswetter, so still und menschenleer, daß sie beinahe weit eher jener verzauberten Stadt in der Sahara, als einer rührigen Gewerbs- und Handelsstadt zu vergleichen wäre. Besonders in einigen von ihrem Mittelpunkt entfernteren Teilen kann dann leicht manches Geheime öffentlich geschehen, ohne darum aufzuhören geheim zu sein.

So ereignete sich denn am zweiten Pfingsttag (26. Mai) 1828 abends zwischen 4 und 5 Uhr Folgendes:

Ein Bürger, wohnhaft auf dem sogenannten Unschlittplatz (in der Nähe des wenig besuchten Hallertörchens) weilte noch vor seinem Haus, um von da vor das sogenannte neue Tor zu gehen, als er, sich umsehend, nicht weit von sich einen als Bauernbursche gekleideten jungen Menschen gewahr wurde, welcher in höchst auffallender Haltung des Körpers da stand, und, einem Betrunkenen ähnlich, sich vorwärts zu bewegen mühte, ohne gehörig aufrecht stehen und seine Füße regieren zu können. Der erwähnte Bürger nahte sich dem Fremdling, der einen Brief ihm entgegenhielt, mit der Aufschrift:

„An Titl. Hrn. Wohlgebohrner Rittmeister bei 4ten Esgataron bei 6ten Schwolische Regiment Nürnberg."

Da der bezeichnete Rittmeister in der Nähe des neuen Tors wohnte, so nahm jener Bürger den fremden Burschen dahin mit sich an die Wache, von wo er zu der ganz nahe liegenden Wohnung des damals die 4. Eskadron des bezeichneten Regiments befehligenden Rittmeisters von W.[2] gelangte.[3]

---

[2] Anmerk. d. Hrsg.: D. i. Friedrich von Wessenich (o. Wessenig)

[3] Über die näheren Umstände, wie Kaspar mit dem erwähnten Bürger vom Unschlittplatz bis zur Wache und von da bis zur Wohnung des Rittmeisters von W. gekommen, sind die Akten teils so lückenhaft und unbefriedigend, teils, bezüglich angegebener Umstände, so sehr den Zweifeln historischer Kritik unterworfen, daß ich mich in obiger Erzählung sehr kurz fassen zu dürfen glaubte. So gibt z. B. jener Bürger an: nachdem er unterwegs mit Kaspar ein Gespräch anzuknüpfen gesucht und ihn über manches befragt, habe er endlich bemerkt, daß Kaspar von allem nichts wisse und gar keinen Begriff habe, weshalb er dann nichts mehr zu ihm gesprochen. Hiernach zeigte sich ihm also Kaspar ebenso, wie noch denselben Abend bei dem Herrn Rittmeister von W. und später auf der Wachtstube, dann an den folgenden Tagen und Wochen. Gleichwohl erzählt zugleich jener Bürger: Kaspar habe auf die Frage, woher er komme? Geant-

Dem die Haustür öffnenden Bedienten des von W. trat er, den Hut auf dem Kopf, seinen Brief in der Hand haltend, mit den Worten entgegen: „Ä sechtene möcht ih wähn, wie mei Vottä wähn is." Der Bediente fragte ihn: Was er wolle? Wer er sei? Woher er komme? Aber der Fremde schien von allen Fragen keine zu verstehen, und es erfolgten immer nur die Worte: „Ä sechtene möcht ih wähn, wie mei Vottä wähn is", oder „woas nit!" Er war, wie der Bediente des Rittmeisters in seinem Verhör als Zeuge aussagt, so ermattet, daß er nicht sowohl ging als „herumschweifte." Weinend, mit dem Ausdruck heftigen Schmerzes, deutete er auf seine unter ihm brechende Füße, und schien an Hunger und Durst zu leiden. Man reichte ihm ein Stückchen Fleisch; doch kaum hatte der erste Bissen seinen Mund berührt, als er ihn, sich schüttelnd, unter heftigen Zuckungen seiner

---

wortet: „von Regensburg." Ferner: als er mit Kaspar zum neuen Tor gekommen, habe dieser gesagt: „Dös is gwiß erst baut worn, weil mer's neu Tor heißt" usw. – Daß Zeuge dieses und dergleichen gehört zu haben glaubt, ist mir ebensowenig zweifelhaft, als dies: daß es Kaspar nicht gesagt hat. Alles Folgende gibt dafür den unumstößlichsten Beweis. Aus der stehenden Redensart Kaspars: „ Reutä wähn, wie mein Vottä wähn is" konnte sein Führer, der diesem Simpel, wofür er ihn hielt, gewiß nur halbe Ohren lieh, gar wohl jene Worte herauszuhören glauben. – Überhaupt aber sind die in dieser Sache erwachsenen Polizeiakten auf eine solche Weise geführt, enthalten so viele Widersprüche, nehmen vieles gar so leicht, sind in einigen ihrer wesentlichsten Bestandteile ein so arger Anachronismus, daß sie als Geschichtsquelle nur mit großer Vorsicht benutzt werden können.

Gesichtsmuskeln, mit sichtbarem Entsetzen wieder von sich spie. Dieselben Zeichen des Abscheus, als man ihm ein Glas Bier gebracht und er davon einige Tropfen gekostet hatte. Ein Stück schwarzen Brotes und ein Glas frischen Wassers verschlang er mit heißer Begier und äußerstem Wohlbehagen. Was man unterdessen mit ihm noch versuchte, um über seine Person und sein Hierherkommen etwas zu erfahren, war vergebliche Mühe. Er schien zu hören, ohne zu verstehen, zu sehen, ohne etwas zu bemerken, sich mit den Füßen zu bewegen, ohne sie zum Gehen gebrauchen zu können. Seine Sprache waren meistens Tränen, Schmerzenslaute, unverständliche Töne oder die häufig wiederkehrenden Worte: „Reutä wähn, wie mei Vottä wähn is." Im Haus des Rittmeisters hielt man ihn bald nur für einen wilden Menschen, und führte ihn, bis zur Heimkunft des Hausherrn, in den Pferdestall, wo er sogleich auf dem Stroh sich ausstreckte und in tiefen Schlaf versank.

Er hatte schon mehrere Stunden fortgeschlafen, als der Rittmeister nach Hause kam und sogleich in seinen Pferdestall ging, um den wilden Menschen zu sehen, von dem seine Kinder ihm, beim Willkommen, so viel Seltsames erzählt hatten. Noch lag dieser im tiefsten Schlaf. Man suchte ihn zu erwecken, man rüttelte, schüttelte, stieß ihn; aber vergebens. Man riß ihn vom Boden auf und suchte ihn auf die Füße zu stellen; aber er schlief fort, ähnlich einem Scheintoten, der nur noch durch seine Lebenswärme von dem wirklich Toten sich unterscheidet. Endlich, nach vielen, dem Schlafenden fühlbaren Mühen, schlug er die Augen auf, ermunterte sich, sah den Rittmeister in seiner bunten glänzenden Uniform, die er, wie es schien, mit kindischem Wohlgefallen betrachtete, und stöhnte dann sein: „Reutä" etc. etc.

Herr von W. kannte den fremden Burschen ebensowenig, als er dem ihm mitgebrachten

Brief irgendeine auf ihn bezügliche Deutung zu geben wußte. Da nun auch mit Fragen nichts aus ihm herauszubringen war, als: „Reutä wähn" etc. etc. oder „woas nit:" so blieb nichts anders übrig, als die Lösung des Rätsels, sowie die Sorge für die Person des fremden Unbekannten der städtischen Polizei zu überlassen. Somit wurde derselbe dahin abgeführt. „Was ich", sagte Herr von W. in seiner späteren gerichtlichen Vernehmung, „bezüglich der geistigen Bildung dieses Menschen wahrzunehmen imstande war, so verriet er den Zustand gänzlicher Verwahrlosung oder einer Kindheit, die mit seiner Größe kontrastierte."

Gegen 8 Uhr abends war der Weg zur Polizei – für seinen Zustand, ein Marterweg – zurückgelegt. In der Wachtstube befanden sich, außer einigen Unterbeamten, mehrere Polizeisoldaten. Allen hier Anwesenden fiel der fremde Bursche ebenfalls als eine seltsame Erscheinung auf, bei der man nicht sogleich mit sich einig werden konnte, unter welche der gangbaren Polizeirubriken sie zu stellen sein möchte. Die an ihn gerichteten polizeilichen Amtsfragen: Wie heißt er? Wes Standes und Gewerbs? Woher kommt er? Warum ist er hier? Wo ist sein Reisepaß? u. dergl. wollten durchaus nicht an ihm verfangen. „Ä Reutä wähn, wie mei Votta wähn is", oder: „Woas nit" oder, was er ebenfalls in weinerlichem Ton öfters wiederholte: „Hoam weissa!" waren die einzigen Worte, die er bei den verschiedensten Veranlassungen vorbrachte.[4] Wo er sei, schien er nicht zu wissen oder zu ahnen. Er verriet weder Furcht, noch Befremden, noch Verlegenheit, vielmehr eine fast tierische Stumpfheit, welche die Außendinge entweder gar nicht bemerkt, oder gedankenlos anstarrt und an sich vorübergehen läßt, ohne von ihnen berührt zu werden. Seine Tränen, sein Wimmern, wobei er immer auf seine wankenden Füße deutete, sein unbeholfenes und dabei kindlich-kindisches Wesen gewannen ihm bald das Mitgefühl der Anwesenden. Ein Soldat brachte ihm ein Stück Fleisch und ein Glas Bier; aber, wie im W* * *schen Haus, wies er beides mit Grauen von sich, und aß nur Brot zu frischem Wasser. Ein anderer gab ihm eine Münze; er zeigte darüber die Freude eines kleinen Kindes, spielte damit und schien, indem er mehrmals: „Roß! Roß!" sagte und mit der Hand gewisse Bewegungen machte, das Verlangen

---

[4] Mit diesen Redensarten, namentlich dem: „Reutä wähn" etc. verband er, wie sich späterhin ergab, keinen besonderen Sinn; es waren nichts als papageienmäßig eingelernte Töne, die er als gemeinsame Ausdrücke für alle seine Vorstellungen, Empfindungen und Begehrungen gebrauchte.

auszudrücken, diese Münze einem „Roß" anzuhängen. Sein ganzes Wesen und Benehmen zeigte an ihm ein kaum zwei- bis dreijähriges Kind in einem Jünglingskörper. Die meisten dieser Polizeimänner waren nur darüber geteilt, ob man ihn für einen Blöd- oder Wahnsinnigen oder für einen Halbwilden halten solle. Der eine und andere meinte jedoch: es wäre wohl möglich, daß in diesem Buben ein feiner Be- trüger stecke, eine Meinung, welche durch folgenden Umstand einen nicht geringen Schein für sich gewann. Man kam auf den Einfall, zu versuchen, ob er vielleicht schreiben könne, gab ihm eine Feder mit Tinte, legte einen Bogen Papier vor ihm hin und forderte ihn auf, zu schreiben. Er schien darüber Freude zu bezeigen, nahm die Feder nichts weniger als ungeschickt zwischen seine Finger und schrieb, zu aller Anwesenden Erstaunen, in festen, leserlichen Zügen, den Namen:

Kaspar Hauser.

Er wurde jetzt weiter aufgefordert, auch den Namen des Ortes beizusetzen, von welchem er herkomme. Aber er tat hierauf nichts weiter, als daß er wieder sein: „Reutä wähn" etc. etc., sein: „Hoam weissä", sein: „Woas nit" hervorstöhnte.

Da vor der Hand nichts weiter mit ihm anzufangen war, überließ man das übrige der Zeit und übergab ihn einem Polizeidiener, der ihn auf den, für Polizei- sträflinge, Vagabunden etc. etc. bestimmten Turm des

Vestner Tors brachte. Auf diesem verhältnismäßig kurzen Weg, sank er fast bei jedem Schritt – wenn sein Tappen ein Schreiten genannt werden konnte – ächzend zusammen. In dem Arreststübchen angekommen – wo er einen anderen Polizeigefangenen zum Gesellschafter hatte – verfiel er auf seinem Strohsack sogleich in den tiefsten Schlaf.

II.

Kaspar Hauser – diesen Namen hat er bis jetzt beibehalten – trug als er nach Nürnberg kam, auf dem Kopf einen runden, mit gelber Seide gefütterten, mit rotem Leder besetzten, etwas groben Filzhut, von städtischer Form, in welchem das halbausgekrazte Bild der Stadt München zu sehen ist. Die Zehen seiner nackten Füße sahen aus ganz zerrissenen, ihm nicht anpassenden, mit Hufeisen und Nägeln beschlagenen Halbstiefeln mit hohen Absätzen hervor. Um seinen Hals war eine schwarzseidene Halsbinde geschlungen. Über einem groben Hemd[5] und einer schon ausgewaschenen, rotgetupften, zeuchenen Weste trug er eine grautuchene Jacke, welche die Bauersleute *Janker* oder *Schalk* zu nennen pflegen, welche aber, wie sich erst später bei genauerer Betrachtung und nach Untersuchung von Sachverständigen ergab, der Schneider ursprünglich zu keiner Bauernjacke zugeschnitten hatte; sie war ehemals, wie schon der liegende Kragen zeigt, ein Frack, dem man die Hinterteile abge-

---

[5] Welches unbesonnenerweise, angeblich wegen seiner schlechten Beschaffenheit, samt den Stiefeln, gleich in der ersten Zeit hinweggeworfen wurde! So verfuhr man mit Sachen, welche als Anzeigen äußerst wichtig werden konnten!

schnitten und dessen obere Hälfte eine der Schneiderei unkundige Hand mit groben Stichen wieder zusammengeheftet hatte. Auch die etwas feineren, gleichfalls grautuchenen Pantalons, wie Reithosen zwischen den Beinen mit demselben Tuch besetzt, gehörten wohl ursprünglich eher einem Bedienten, Reitknecht oder Förster u. dergl., als einem Bauern. Kaspar trug ein weißes rotgegittertes Schnupftüchlein bei sich, mit den Buchstaben *K. H.* rot gezeichnet. Außer einigen blau und weiß geblümten Lappen, einem deutschen Schlüssel und einem Papier mit etwas Goldsand – den wohl niemand in Bauernhütten sucht – fand sich in seiner Tasche ein kleiner hörnener Rosenkranz und ein ziemlicher Vorrat geistlichen Segens; nämlich, außer geschriebenen katholischen Gebeten, mehrere geistliche Druckschriften, wie sie häufig im südlichen Deutschland, zumal an Wallfahrtsorten, der gläubigen Menge für gutes Geld geboten werden, – einige ohne Druckort, andere mit den Druckorten: Altöttingen, Burghausen, Salzburg, Prag. Ihre auferbaulichen Titel heißen z. B. *Geistliche Schildwacht,* – *Geistliches Vergißmeinnicht,* – *Ein sehr kräftiges Gebet, wodurch man sich aller heiligen Messen etc. teilhaftig machen kann,* – *Gebet zum heiligen Schutzengel,* – *Gebet zum heiligen Blut*, usw. Eines dieser köstlichen Geisteswerklein, betitelt: *Kunst, die verlorene Zeit und übel zugebrachten Jahre zu ersetzen* (ohne Jahreszahl) scheint auf das bisherige Leben dieses Jünglings, wie er es späterhin erzählte, höhnend anzuspielen. Daß nicht bloß weltliche Hände bei dieser Begebenheit mit im Spiele seien, ließ sich, nach den mitgebrachten geistlichen Gaben, nicht wohl bezweifeln.

Der an den ungenannten Rittmeister der 4. Eskadron des 6. Chevauxlegers-Regiments adressierte Brief, mit welchem in der Hand Kaspar zu Nürnberg auftrat, war nach Form und Inhalt folgender:

„Von der Bayerschen Gränz daß Orte ist unbenannt 1828.

Hochwohlgebohner Hr. Rittmeister!

Ich schücke ihner ein Knaben der möchte seinen König getreu dienen verlangte Er, dieser Knabe ist mir gelegt worden, 1812 den 7. Ocktober, und ich selber ein armer Taglöhner, ich habe auch selber 10 Kinder, ich habe selber genug zu thun daß ich mich fortbringe, und seine Mutter hat nur um die erziehung daß Kind gelegt, aber ich habe sein Mutter nicht erfragen können, jezt habe ich auch nichts gesagt, daß mir der Knabe gelegt ist worden, auf den Landgericht. Ich habe mir gedenkt ich müßte ihm für mein Sohn haben, ich habe ihm Christlichen Erzogen, und habe ihn Zeit 1812 Keinen Schrit weit aus den Haus gelassen daß Kein Mensch nicht weiß davon wo Er auf erzogen ist worden, und Er selber weiß nichts wie mein Hauß Heißt und daß ort weiß er auch nicht, sie derfen ihm schon fragen er kann es aber nicht sagen, daß lessen und schreiben habe ich ihm schon gelehrt er kann auch mein Schrift schreiben wie ich schreibe, und wan wir ihm fragen was er werde, so sagte er will auch ein Schwolische werden waß sein Vater gewesen ist, Will, er auch werden, wen er Eltern häte wir er keine hate wer er ein gelehrter bursche worden. Sie derfen im nur was zeigen so kan er es schon,

Ich habe im nur bis Neumark geweißt da hat er selber zu ihnen hingehen müssen ich habe zu ihm gesagt wenn er einmal ein Soldat ist, kome ich gleich und suche ihm heim sonst häte ich mich von mein Hals gebracht

Bester Hr. Rittmeister sie derfen ihm gar nicht tragtiren er weiß mein Orte nicht wo ich bin, ich habe im mitten bei der nacht fort gefürth er weiß nicht mehr zu Hauß,

Ich empfehle mich gehorsamt Ich mache mein Namen nicht Kentbar den ich Konte gestraft werden,

Und er hat Kein Kreuzer Geld nicht bey ihm weil ich selber nichts habe wen Sie im nicht Kalten (behalten) so müssen Sie im abschlagen oder in Raufang auf henggen.“

Es lag diesem Brief zugleich folgender mit lateinischen Buchstaben, jedoch wahrscheinlich von derselben Hand, geschriebener Zettel bei:

„Das Kind ist schon getauft Sie heist Kasper in (d. h. einen) Schreibname misen Sie im Selber geben das Kind moechten Sie auf ziehen Sein Vater ist ein Schwolische gewesen wen er 17 Jahr alt ist so schicken Sie im nach Nirnberg zu 6ten Schwolische Regiment da ist auch sein Vater gewesen jch bitte um die erziehung bis 17. Jahre gebohren ist er im 30. Aperil 1812 im Jaher ich bin ein armes Mägdlein ich kan das Kind nicht ernehren sein Vater ist gestorben."

Kaspar Hauser[6] war bei seinem Erscheinen zu Nürnberg 4 Schuhe[7], 9 Zolle[8] groß, und mochte damals vielleicht in seinem 16-17. Jahre stehen. Ein ganz dünner Flaum überzog Kinn und Lippen, die sogenannten Weisheitszähne fehlten noch und sind erst im Jahr 1831 hervorgebrochen. Seine hellbraunen, sehr feinen Haare, bäuerlich zugeschnitten, kräuselten sich in kleine Locken. Sein Körperbau, untersetzt und breitschulterig, zeigte ein vollkommenes Ebenmaß, ohne irgendein sichtbares Gebrechen. Seine Haut war sehr weiß und fein; seine Gesichtsfarbe nicht eben blühend, doch auch nicht krankhaft; seine Glieder zart gebaut; die kleinen Hände schön geformt; ebenso die Füße, welche keine Spur zeigten, daß früher ein Schuh sie beengt oder gedrückt habe. Die Fußsohlen waren ohne Hornhaut, so weich wie das Innere einer Hand, und über und über mit frischen Blutblasen bedeckt, deren Spuren noch mehrere Monate später zu sehen waren. An beiden Armen zeigten sich die

---

[6] Das folgende Signalement ist nicht etwa ans den Polizeiakten genommen, wo dergleichen nicht zu finden ist, sondern aus meinen eigenen Beobachtungen und den schriftlich aufgezeichneten Bemerkungen anderer glaubwürdiger Personen.

[7] Anmerk. d. Hrsg.: 1 Schuh = 29,2 cm.

[8] Anmerk. d. Hrsg.: 1 Zoll = 2,92cm.

Narben der Impfung; an seinem rechten Arm fiel eine noch mit frischem Schorf bedeckte Wunde auf, die, wie Kaspar späterhin erzählte, von einem Schlag mit einem Stock (oder Stück Holz) herrührte, welchen der Mann, „bei dem er immer gewesen", ihm gegeben, als er einmal zu viel Lärm gemacht habe. Sein Gesicht war damals sehr gemein und, wenn es in Ruhe war, fast ohne Ausdruck; die unteren Teile desselben traten etwas vor, was ihm ein tierisches Ansehen gab. Auch der stiere Blick seiner bläulichen, übrigens klaren, hellen Augen hatte den Ausdruck tierischer Stumpfheit.[9] Seine Gesichtsbildung änderte sich nach einigen Monaten gänzlich; der Blick gewann Ausdruck und Leben, die hervorragenden unteren Teile des Gesichts traten mehr zurück, und die frühere Physiognomie war kaum wiederzuerkennen. Sein Weinen bestand in der ersten Zeit in einem häßlichen Verzerren des Mundes; bewegte aber irgend etwas Angenehmes sein Gemüt, so verbreitete sich über seine Miene eine lieblich lächelnde, alle Herzen gewinnende Freundlichkeit, der unwiderstehliche Reiz der Freude eines unschuldigen Kindes. Seine Hände und Finger wußte er so gut wie gar nicht zu gebrauchen. Die Finger spreizte er steif und gerade hin weit auseinander, mit Ausnahme des Zeigefingers und Daumens, deren

---

[9] Der Verfasser von diesem äußerte damals den Wunsch, es möge Kaspars Gesicht von einem geschickten Portraitmaler gezeichnet werden, weil jenes sich gewiß bald verändern werde. Jener Wunsch blieb unerfüllt, diese Vermutung aber wurde bald wahr.

Spitzen er gewöhnlich auf die Weise zusammenhielt, daß sie einen Zirkel bildeten. Wo andere Menschen nur einige Finger brauchen, bediente er sich der ganzen Hand, die auf die ungeschickteste, verkehrteste Weise ihr Geschäft verrichtete. Sein Gang, ähnlich dem eines Kindes, das am Laufband seine ersten Versuche macht, war nicht sowohl ein Gehen, als ein watschelndes, schwankendes Tappen, eine peinliche Mittelbewegung zwischen Fallen und Aufrechtstehen. Statt beim Gehen mit der Ferse zuerst aufzutreten, setzte er mit gehobenen Beinen Ferse und Vorderfuß zugleich auf den Boden und stolperte, die Füße einwärts gekehrt, mit überhängendem Oberleib und weit von sich hinweggestreckten Armen, die er als Balancierstange zu gebrauchen schien, langsam schwerfällig vor sich hin. Öfters fiel er in seinem Zimmerchen, bei geringem Hindernis oder Anstoß, der Länge nach zu Boden. Beim Auf- und Absteigen von Treppen mußte er, noch lange nach seiner Ankunft, immer geführt werden. Und noch jetzt ist es ihm, ohne zu fallen, nicht möglich auf dem einen Fuß zu stehen, den anderen zu heben, zu biegen oder auszustrecken.

Bei einer erst noch im Jahre 1830 vorgenommenen gerichtsärztlichen Besichtigung der Leibesbeschaffenheit Kaspar Hausers ergaben sich, unter anderen, folgende höchst merkwürdige Eigentümlichkeiten, die auf sein Leben und sein Schicksal ein helles Licht zurückwerfen. „Das Knie", sagt das Gutachten des Dr.

Osterhausen, „hat eine besondere regelwidrige Bildung. Bei Streckung des Unterschenkels tritt in der Regel die Kniescheibe hervor; bei Hauser aber liegt sie in einer beträchtlichen Vertiefung. Regelmäßig heften sich die vier Streckmuskeln des Unterschenkels, als der äußere und innere große, der gerade und tiefe Unterschenkelstrecker (*musculus vastus externus et internus, m. femoris et cruralis*) mit einer gemeinschaftlichen Sehne, nachdem sie sich mit der Kniescheibe verwebt hat, an den Höcker des Schienbeins an; hier aber ist die Sehne getrennt, und die Sehne des äußeren und inneren großen Schenkelstreckers (*m. vastus externus et internus*) gehen an der äußeren und inneren Seite des Schienbeinknorrens herab, heften sich unter diesem an das Schienbein an, und zwischen ihnen liegt die Kniescheibe. Hierdurch, und da diese Sehnen ungewöhnlich stark ausgewirkt sind, entsteht jene Vertiefung. Wenn er mit ausgestrecktem Ober- und Unterschenkel, in horizontaler Lage auf dem Boden sitzt; so bildet der Rücken mit der Beugung des Oberschenkels einen rechten Winkel, und das Kniegelenk liegt in gerader Streckung so fest auf dem Boden, daß am Kniebug nicht die geringste Höhlung zu bemerken und kaum ein Kartenblatt unter die Kniekehle zu schieben ist."

III.

Das Befremdende an Kaspar Hauser bei seinem ersten Erscheinen zu Nürnberg gestaltete sich in den nächsten Tagen und Wochen zu einem dunklen, grauenhaften Rätsel, zu dessen Lösung man in mancherlei Vermutungen vergebens den Schlüssel suchte. Nichts weniger als blöd- oder wahnsinnig, dabei so sanft, folgsam und gutartig, daß niemand versucht werden konnte, diesen Fremdling für einen Wilden oder unter den Tieren des Waldes aufgewachsenen Knaben zu halten, zeigte sich an ihm – jene stets wiederkehrende Redensarten ausgenommen – ein so vollständiger, nur dem Zustand eines Pescherä[10] vergleichbarer, Mangel an Worten und Begriffen, eine so gänzliche Unbekanntschaft mit den gemeinsten Gegenständen und den alltäglichsten Erscheinungen der Natur, solch eine Gleichgültigkeit, solch ein Abscheu gegen alle Gewohnheiten, Bequemlichkeiten und Bedürfnisse des Lebens, dabei so außerordentliche Eigentümlichkeiten in seinem ganzen geistigen, sittlichen und physischen Wesen, daß man sich in die

---

[10] Anmerk. d. Hrsg.: Bezeichnung für einen Einwohner Patagoniens; eher im Sinne von eines aller Kultur und Bildung abgeschnittenen Menschen.

Wahl versetzt glauben konnte, ob man ihn für einen durch irgendein Wunder auf die Erde herabversetzten Bürger eines anderen Planeten, oder für jenen Menschen des Plato nehmen solle, der, unter der Erde geboren und aufgewachsen, erst im Alter der Reife auf die Oberwelt zum Licht der Sonne heraufgestiegen.

Kaspar zeigte beständig gegen alle Speisen und Getränke, außer trockenem Brot und Wasser, den heftigsten Widerwillen. Nicht nur der Genuß, sondern auch der bloße Geruch unserer gewöhnlichen Speisen erregte ihm Schauder oder noch mehr; ein Tröpfchen Wein, Kaffe u. dergl., heimlich unter sein Wasser gemischt, verursachte ihm Angstschweiß, Erbrechen und heftiges Kopfweh.[11] – Es versuchte jemand irgendwo, ihm etwas Brandwein, unter dem

---

[11] Es ist ein bedauernswerter Umstand, daß es in der ganzen Stadt Nürnberg keinen einzigen Menschen gab, welcher so viel wissenschaftliches Interesse in sich gefunden hätte, um diesen Menschen zum Gegenstand physiologischer Untersuchungen zu machen. Schon allein die chemische Untersuchung des Urins, des Speichels und anderer Auswurfsstoffe dieses bloß mit Brot und Wasser aufgefütterten jungen Menschen, hätte manches wissenschaftlich nicht unwichtige Ergebnis gehabt, so wie diese wissenschaftlichen Ergebnisse den juridisch bedeutenden Umstand: daß Kaspar bisher wirtlich nur mit Wasser und Brot genährt worden, gleichsam zu anschaulicher Gewißheit würden bewahrheitet haben. Als aber die Justiz sich mit der Hauser'schen Angelegenheit zu befassen, endlich, nach vielen vergeblichen Bemühungen von ihrer Seite, in den Stand gesetzt wurde, war die Gelegenheit, solche Untersuchungen nachzuholen, längst vorüber.

Vorwand es sei Wasser, aufzudringen. Als man ihm das Glas an den Mund brachte, sank er erbleichend um, und wäre rückwärts in eine Glastür gefallen, wenn man ihn nicht aufgefangen hätte. – Als er einmal von dem Gefangenenwärter war genötigt worden, etwas Kaffee in den Mund zu nehmen, wovon er kaum einen Tropfen verschluckt haben mochte, bekam er mehrmaligen Durchfall. – Von einigen Tropfen stark mit Wasser vermischten Weizenbiers bekam er heftige Schmerzen im Magen und Hitze im ganzen Körper, wobei er über und über von Schweiß triefte, dann Frostschauder, mit Kopfweh und starkem Aufstoßen. – Sogar Milch, gesottene wie ungesottene, mundete ihm nicht und erregte ihm widerliches Aufstoßen. – Man hatte ihm einst in sein Brot etwas Fleisch versteckt; er roch dieses sogleich und bezeigte dagegen seinen lebhaften Abscheu; gleichwohl nötigte man ihn es zu essen, worauf er äußerst leidend wurde.

Bei Nacht, die für ihn regelmäßig mit Untergang der Sonne anfing und mit ihrem Aufgang endigte, lag er auf seinem Strohsack; bei Tag saß er, die Füße gerade vor sich ausgestreckt, auf dem Boden.

Als er in den ersten Tagen zum erstenmal eine brennende Kerze vor sich sah, ergötzte ihn die leuchtende Flamme, er griff arglos hinein und verbrannte sich Hand und Finger, die er zu spät unter Schreien und Weinen zurückzog. Um ihn zu erproben, wurde zum Schein mit blanken Säbeln nach ihm gehauen und gestochen; er blieb dabei ganz unbeweglich, blinzte nicht einmal mit den Augen und schien gar nicht zu ahnen, daß ihm mit diesen Dingen irgendein Leid geschehen könne.[12] Als ihm ein Spiegel vorgehalten wurde, griff er nach seinem eigenen Spiegelbild und wendete sich dann nach der Rückseite, um den Menschen zu finden, der dahinterstecke. Was er Glänzendes sah, danach langte er wie ein kleines Kind, und weinte, wenn er es nicht erreichen konnte, oder es ihm versagt wurde.

Einige Tage nach seiner Ankunft in Nürnberg wurde Kaspar, in Begleitung zweier Polizeimänner, um die Stadt geführt, damit er vielleicht das Tor wiedererkenne, durch das er in die Stadt gebracht worden. Er wußte, wie man wohl hätte voraussehen können, keines von dem anderen zu unterscheiden, und schien überhaupt an dem, was an seinen Augen vorüberging, keinen Anteil zu nehmen. Auf Gegenstände, die man ihm besonders nahe brachte, gaffte er stumpfsinnig, und nur zuweilen mit neugierigem, befremdetem Blick hin. Zur Bezeichnung lebender Geschöpfe, die ihm in die Sinne fielen, hatte er bloß zwei Worte, deren er sich dann und wann bediente. Was menschliche Gestalt hatte, ohne Unterschied des Geschlechts und Alters, hieß ihm „Bua;" jedes ihm aufstoßende Tier, vierfüßig oder zweibeinig, Hund, Katze, Gans oder Huhn, nannte er: „Roß." Waren

---

[12] Man soll sogar einmal – was ich jedoch nicht zu verbürgen wage – ein Feuergewehr, zur belustigenden Probe, nach ihm abgeschossen haben.

solche Rosse weiß, so bezeigte er Wohlgefallen; schwarze Tiere erregten ihm Widerwillen oder Furcht. Eine schwarze Henne, welche auf ihn zukam, versetzte ihn in große Angst; er schrie und machte die äußerste Anstrengung, um auf seinen, ihm hierzu den Dienst versagenden Füßen von ihr hinwegzulaufen.

Seine Seele nicht nur, sondern auch manche seiner Sinne schienen anfangs in gänzlicher Erstarrung zu liegen, und nur allmählich erwachend den Außendingen sich zu öffnen. Erst nach einigen Tagen fiel ihm der Schlag der Turmuhren und das Geläute der Glokken auf; er geriet dadurch in das höchste Erstaunen, das sich in seiner aufhorchenden Miene und in Verzückungen des Gesichts ausdrückte, bald aber in sinnendes dumpfes Hinstarren überging. Einige Wochen später zog eine Bauernhochzeit mit Musik unter dem Fenster seines Wohnstübchens auf dem Turm vorüber. Horchend stand er plötzlich wie eine Bildsäule da; sein Gesicht wurde wie verklärt, seine Augen strahlten gleichsam sein Entzücken aus; fortwährend blieben Ohr und Augen den immer weiter sich entfernenden Tönen zugewendet, und schon waren die letzten verhallt, als er noch lauschend unbeweglich stehen blieb, gleichsam als wolle er die letzten Schwingungen dieser für ihn himmlischen Laute in sich aufnehmen, oder als habe die Seele ihren Körper in Erstarrung zurückgelassen, um diesen Klängen nachzuziehen. Gewiß nicht um Kaspars musikalischen Sinn zu erproben, stellte man bei einer

Wachtparade diesen Menschen, an dem sich bereits eine ungewöhnliche Nervenreizbarkeit offenbarte, in die Nähe der großen Regimentstrommel, deren erste Schläge ihn so erschütterten, daß er in Zuckungen verfiel und schnell hinweggebracht werden mußte.

Unter den vielen auffallenden Erscheinungen, die sich in den ersten Tagen und Wochen an Kaspar zeigten, bemerkte man, daß die Vorstellung von Rossen, besonders von hölzernen Rossen, für ihn von nicht geringer Bedeutung sein müsse. Das Wort: „Roß" schien in seinem Wörterbuch, das kaum ein halbes Dutzend Worte umfaßte, den allergrößten Raum einzunehmen; dieses Wort wurde am allerhäufigsten, bei den verschiedensten Gelegenheiten und Gegenständen, von ihm ausgesprochen, und zwar nicht selten unter Tränen, in wehmütig bittendem Ton, als drücke er damit die Sehnsucht nach irgendeinem Pferd aus. So oft man ihm eine Kleinigkeit, eine glänzende Münze, ein Band, ein Bildchen etc. etc. schenkte, sprach er: „Roß! Roß!" und gab durch Mienen und Gebärden den Wunsch zu erkennen, diese Schönheiten einem Roß anzuhängen. Kaspar, welcher – nicht eben zum Vorteil seiner geistigen Entwicklung, noch zum Behuf reiner Beobachtungen, wozu doch wohl die Seltenheit der Erscheinung aufforderte – täglich auf die Polizeiwachtstube geführt wurde, wo er im Getöse und Getümmel, gewöhnlich einen nicht kleinen Teil des Tages zubrachte, wurde hier wie einheimisch, und gewann sich bald unter den

Bewohnern dieses Amtszimmers Zuneigung und Liebe. Das auch hier so oft wiederholte: „Roß! Roß!" gab eines Tages einem der Polizeisoldaten, der sich mit dem seltenen Jünglingskind am meisten zu tun machte, den Einfall, ihm ein weißes hölzernes Spielpferd auf die Wachtstube zu bringen. Kaspar, der sich bisher fast immer nur unempfindlich, gleichgültig, unteilnehmend oder niedergeschlagen gezeigt hatte, wurde beim Anblick dieses hölzernen Rosses, plötzlich wie umgewandelt, und benahm sich nicht anders, als hätte er in diesem Pferdchen einen alten, langersehnten Freund wiedergefunden. Ohne lärmende Freude, aber mit lächelndem Gesicht weinend, setzte er sich sogleich auf den Boden zu dem Pferd hin, streichelte, tätschelte es, hielt unverwandt seine Augen darauf geheftet, und suchte es mit allen den bunten, glänzenden, klingenden Kleinigkeiten zu behängen, womit das Wohlwollen ihn beschenkt hatte. Erst nunmehr, da er das Rößchen damit ausschmücken konnte, schienen alle diese Dinge den rechten Wert für ihn gewonnen zu haben. Als die Zeit kam, wo er die Polizeiwachtstube verlassen sollte, suchte er das Roß aufzuheben, um es mit sich nach Hause zu tragen, und weinte dann bitterlich, als er wahrnahm, daß er in seinen Armen und auf seinen Füßen zu schwach sei, um diesen seinen Liebling mit sich über die Schwelle der Stubentür hinauszubringen.[13] So oft er dann nachher die Wachtstube zu

---

[13] Er war noch lange nachher äußerst schwach in den Armen, wie

besuchen kam, setzte er sich sogleich zu seinem lieben Roß auf den Boden nieder, ohne die Menschen um ihn her im mindesten zu beachten. „Stundenlang", sagt einer der Polizeisoldaten in seiner erst polizeilichen, späterhin gerichtlichen Vernehmung, „saß Kaspar mit seinem Roß spielend neben dem Ofen, ohne auf das, was um und neben ihm vorging auch nur im mindesten achtzugeben."

Aber auch auf dem Turm in seinem Schlaf- und Wohnstübchen versah man ihn bald, nicht bloß mit einem, sondern mit verschiedenen Rossen. Diese Rosse waren von nun an, so lange er sich zu Hause befand, unausgesetzt seine Gesellschafter und Gespielen, die er nicht von seiner Seite, noch aus seinen Augen ließ, und mit denen er – wie man durch eine verborgene Öffnung in der Tür beobachten konnte – sich beständig zu schaffen machte. Ein Tag war darin dem anderen, eine Stunde der anderen gleich, daß Kaspar neben seinen Rossen, mit gerade vor sich ausgestreckten Füssen, auf dem Boden saß, seine Rosse beständig bald auf diese bald auf jene Weise mit Bändern, Schnüren oder bunten Papierfetzen schmückte, mit Münzen, Glöckchen, Goldflittern behing, und darüber zuweilen in tiefes Nachdenken

---

in den Füßen. Erst im September 1828, als er schon den Anfang mit Fleischspeisen gemacht hatte, waren seine Kräfte durch wiederholte Übung so weit gediehen, daß er ein Gewicht von 25 Pfund (Anmerk. d. Hrsg.: 1 Pfund = 560 Gramm.) mit beiden Händen ein wenig vom Boden in die Höhe ziehen konnte.

versunken schien, wie er diesen Putz durch abwechselndes Dahin- oder Dorthinlegen verändern möge. Auch führte er sie zum öftern, ohne sich dabei von der Stelle zu bewegen oder seine Lage zu verändern, neben sich hin und her, doch sehr vorsichtig und ganz leise, damit, wie er späterhin äußerte, das Rollen der Räder kein Geräusch verursache, und er nicht dafür geschlagen werde. Nie aß er sein Brot, ohne zuvor jeden Bissen den Pferdchen an den Mund gehalten, trank nie sein Wasser, ohne zuvor ihre Schnauze hineingetaucht zu haben, die er dann jedesmal sorgfältig wieder abzuwischen pflegte. Eines dieser Pferdchen war von Gips, dessen Mund denn bald vom Eintauchen erweichte. Er wußte nicht, woher dies komme, indem er wohl bemerkte, daß die Schnauze der anderen Rosse naß werde, doch nicht ihre Form verändere Der Gefangenenwärter, dem er weinend sein Unglück mit dem Gipspferdchen vorzeigte, gab ihm zu seiner Beruhigung zu verstehen: „dieses Pferdchen möge kein Wasser"; worauf er es denn zu tränken unterließ, indem er glaubte, es zeige ihm durch die am Mund sichtbare Verunstaltung seine Abneigung gegen das Trinken an. – Der Gefangenenwärter, welcher oft sah, wie Kaspar sich abmühte, die Pferde mit seinem Brot zu füttern, suchte ihm begreiflich zu machen, diese Pferde könnten nicht fressen. Allein Kaspar meinte ihn damit zu widerlegen, daß er auf die Brotkrumen deutete, die an der Schnauze seiner Pferde hängengeblieben waren. – Das

eine seiner Rosse hatte einen Zaum in dem weit-
geöffneten Maul; er verfertigte nun auch seinem
anderen Pferd einen Zaum aus zusammenhängenden
Goldflittern, und bemühte sich dieses auf allerlei
Weise zu bewegen, seinen Mund zu öffnen, damit er
ihm den Zaum hineinlege, – ein Versuch, womit er
sich zwei Tage lang unermüdlich plagte. Einst schlief
er auf einem Schaukelpferd ein, fiel herab und
quetschte sich am Finger; da beklagte er sich, daß ihn
das Pferd gebissen habe. – Als er eines Tages mit
einem anderen seiner Pferde über den Boden fuhr und
dieses mit den Hinterfüßen in eine Lücke des Bodens
geriet und vorne aufstieg, bezeigte er darüber die
größte Freude, und wiederholte dann beständig dieses
ihm so merkwürdige Schauspiel, das er allen seinen
Besuchern zum besten gab. Da ihm der Gefangenenwärter seinen Unwillen darüber bezeigte, daß er
allen Leuten immer dasselbe vormache, unterließ er
dieses zwar, weinte aber, daß er sein steigendes Pferd
nicht mehr zeigen solle. Einmal fiel dieses beim
Aufsteigen um; da kam er ihm mit eiliger Zärtlichkeit
zu Hilfe und äußerte sein Leid darüber, daß es sich
wehgetan. Er war vollends untröstlich, als er einmal
den Gefangenenwärter einem dieser Pferde einen
Nagel einschlagen sah.

Hieraus und aus vielen anderen Umständen ließ
sich vermuten, was nicht lange nachher zu voller Gewißheit wurde: daß die Vorstellung von Lebendigem
und Totem, Beseeltem und Unbeseeltem, von Orga-

nischem und Unorganischem, von Naturgegenständen und Kunsterzeugnissen sich in seiner Kinderseele noch seltsam durcheinander mische.

Tiere unterschied er von Menschen bloß an ihrer Gestalt, Männer und Frauen an der Kleidung, die ihm, wegen der mannigfaltigen, in die Augen stechenden Farben, am weiblichen Geschlecht besser als am männlichen gefiel; weshalb er auch späterhin noch öfters den Wunsch äußerte, ein Mädchen zu werden, d. h. Frauenkleider zu tragen.

Daß aus den Kindern große Leute würden, wollte ihm durchaus nicht einleuchten, und am hartnäckigsten widersprach er, wenn man ihm versicherte, daß er doch auch einmal ein Kind gewesen, und daß er wahrscheinlich noch bedeutend werde größer werden, als er jetzt schon sei. Erst einige Monate später überzeugte er sich davon, als er an einem an die Wand gezeichneten Maß, nach wiederholten Proben, die eigene Erfahrung von seinem, noch dazu schnellen Wachstum gemacht hatte.

Von Religion war nicht ein Fünkchen, von einer Dogmatik auch nicht das kleinste Stäubchen in seiner Seele zu finden, so sehr sich einige Geistliche, gleich in den ersten Wochen nach seinem Erscheinen zu Nürnberg, die unzeitige Mühe gaben, es in ihm zu suchen und aufzuregen. Von allen ihren Fragen, Reden und Predigen hätte jedes Tier nicht weniger verstanden und begriffen als Kaspar. Was er an Religion mitbrachte, bestand – wenn es ohne Lästerung dieses Namens so genannt werden darf – lediglich in demjenigen, was ihm dummfromme Bosheit bei seiner Aussetzung zu Nürnberg in die Tasche mitgegeben hatte. Es wird vielleicht nicht uninteressant sein, über Kaspar Hausers Benehmen, während seines Aufenthalts auf dem Turm, die Äußerung eines einfachen, aber verständigen Mannes zu vernehmen, des Gefangenenwärters Hiltel, der ihn mehrere Wochen unter seiner Aufsicht gehabt hatte. Dieser äußert sich zum Protokoll unter anderen wie folgt:

„Bald nachdem ich den angeblichen Kaspar Hauser einige Zeit im Stillen beobachtet hatte, erlangte ich die Überzeugung, daß derselbe nichts weniger als simpelhaft und von der Natur verwahrlost, sondern vielmehr auf unbegreifliche Weise von aller Ausbildung und geistigen Entwicklung zurückgehalten worden sein müsse. Die unendlich vielen Belege und Erscheinungen anzuführen, welche sich mir aus den mit Hauser angestellten Beobachtungen hierüber unzweifelhaft ergaben, würde hier zu weit führen. Er hat sich in den ersten Tagen seines Aufenthalts bei mir gerade wie ein kleines Kind benommen und allenthalben die größte Natürlichkeit und Unschuld zu erkennen gegeben. Am vierten oder fünften Tage wurde er von dem oberen, engeren Verwahrungsort des Gefängnisturms in die tiefere Etage desselben, in welcher ich mit meiner Familie wohne, in ein kleines Zimmerchen gebracht, welches Vorrichtungen hatte, mittelst deren ich ihn stets beobachten konnte, ohne daß er es wahrzunehmen vermochte. Hier habe ich ihn, dem mir vom Herrn Bürgermeister gegebenen Befehl gemäß, unbemerkt zum öfteren beobachtet und sein Benehmen, wenn er allein war, ganz unverändert gefunden. Er ergötzte sich an seinem Spielzeug für sich allein ebenso, als wie er dies in meiner Gegenwart natürlich, unbefangen tat; denn wenn er in der ersten Zeit mit seinen Spielsachen ernstlich beschäftigt war, so mochte um ihn her vorgehen was da wollte, er nahm davon keine Notiz. Doch muß ich bemerken, daß dieses Vergnügen an kindischem Spielzeug nur von kurzer Dauer war. So wie seine Sinne auf ernstere und nützlichere Gegenstände gerichtet und dafür empfänglich gemacht worden waren, hatte er am Spielen keine Freude mehr. – Sein ganzes Benehmen war, sozusagen, ein reiner Spiegel kindlicher Unschuld; er hatte nichts Falsches an sich; wie es ihm ums Herz war, so sprach er sich aus, so weit es nämlich seine dürftige Sprache zuließ. Einen sicheren Beleg seiner Unschuld und Unwissenheit gab er auch bei Gelegenheit, als ich und meine Frau ihn das erste Mal entkleideten und seinen Körper reinigten; sein Benehmen hierbei war das eines Kindes, ganz natürlich und ungeniert.[14]

---

[14] Nicht lange nachher erwachte jedoch das Gefühl der Scham; und er wurde nun so verschämt, wie das zartfühlendste, keuscheste Mädchen. Eine Entblößung ist für ihn etwas Entsetzliches. Nachdem das wilde brasilianische Mädchen Isabella, welches die Herren Spix und Martius mit sich nach München gebracht hatten, einige Zeit unter zivilisierten Menschen gelebt

Nachdem er das Spielzeug bekommen hatte, und auch andere Personen zu ihm gelassen wurden, habe ich bisweilen meinen elfjährigen Sohn Julius zu ihm gelassen, der ihn denn gleichsam das Sprechen lernte, Buchstaben vormachte, und ihm Begriffe, so weit er selbst sie hatte, mitzuteilen suchte. Zugleich ließ ich manchmal mein dreijähriges Mädchen, Margaretha, auf seine Stube kommen, mit der er anfangs sehr gerne spielte und die ihn Glasperlen an eine Schnur zu reihen lehrte. An dieser Unterhaltung fand er sobald keine Befriedigung mehr, als er sein totes Spielzeug satt hatte. In der letzten Zeit seines Aufenthalts bei mir, hatte er seine größte Freude und Unterhaltung an Zeichnungen und Kupferstichen, die er in seinem Zimmerchen an die Wände klebte."

---

und Kleider getragen hatte, war sie nur mit der größten Mühe durch Drohungen und Schläge dahin zu bringen, daß sie, um einem Zeichner zu stehen, sich entkleidete.

IV.

Kaspar wurde auf dem Turm, schon nach den ersten Tagen, nicht als Gefangener, sondern als ein verlassenes, verwahrlostes, der Pflege und Erziehung bedürftiges Kind behandelt. Der Gefangenenwärter nahm ihn mit sich an seinen Familientisch, wo er zwar am Essen nicht teilnahm, doch gehörig sitzen, seine Hände auf menschliche Weise gebrauchen und manche andere Sitte gebildeter Menschen kennen und nachahmen lernte. Gern spielte er mit den Kindern seines Wärters, welche sich ebenfalls nicht ungern mit dem gutmütigen, durch seine große Unwissenheit, selbst Kindern possierlichen Jüngling unterhielten und von welchen das älteste, der elfjährige Julius – den Kaspar besonders liebgewonnen hatte – sich das, seiner kleinen Eitelkeit nicht wenig schmeichelnde Geschäft machte, diesem jungen rüstigen Burschen, dem schon der Anfang eines Barts um das Kinn sproßte, – das Sprechen zu lehren.

Bald führte ihm die Neugier, täglich, stündlich eine Menge von Menschen zu, von denen die wenigsten sich bloß mit dem Angaffen des zahmen Wilden begnügten. Die meisten machten sich auf mancherlei Weise, jeder auf seine Art, mit ihm zu schaffen.

Manchem war er wohl nur Gegenstand der Belustigung, oder nichts weniger als wissenschaftlicher Experimente. Doch gab es auch viele, die sich ihm vernünftig mitzuteilen, ihn geistig zu wecken und zur Mitteilung anzuregen suchten. Der eine sagte ihm Worte und Redensarten vor, die er ihn nachsprechen ließ, der andere suchte ihm durch Zeichen und Pantomimen, oder wie es sonst ging, Unbekanntes bekannt, Unverständliches verständlich zu machen. An jeder Sache, an jedem Spielzeug, womit die menschliche Teilnahme der guten Nürnberger dem armen Jüngling nahte, gewann er neue Gedankenstoffe, wurde er um einige Begriffe und um mehrere Wortlaute reicher. Vorzüglich aber wurde in diesem lebhaften Menschenverkehr seine allmählich zu hellerem Bewußtsein erwachende Seele mannigfaltig zum Aufmerken, Reflektieren und Denken angeregt, und durch das zunehmende, von Tag zu Tag höher gesteigerte Bedürfnis nach Mitteilung, der bekannte, in dem menschlichen Geist instinktmäßig arbeitende, erfinderische Sprachmeister in immer reger Beschäftigung erhalten.

Ungefähr 14 Tage nach Kaspars Ankunft zu Nürnberg führte sein günstiges Geschick ihm noch den würdigen Professor Daumer zu, einen jungen, denkenden Gelehrten, der in seinem menschlichen Herzen den Beruf fand, sich der geistigen Entwicklung, Bildung und Unterweisung dieses Unglücklichen anzunehmen, – so weit der ungestüme Zudrang der

Neugierigen und andere hemmende, störende Umstände dieses nur immer gestatten mochten. Und so müßte denn Kaspar weit weniger Regsamkeit des Geistes, keinen so heißen Eifer, alles ihm Neue aufzufassen, kein so lebendiges, jugendlich-kräftiges Gedächtnis zum treuen Festhalten des einmal Aufgefaßten besessen haben, als er zu allgemeiner Verwunderung wirklich zeigte, wenn er nicht in kurzem wenigstens so viel sprechen gelernt hätte, um notdürftig seine Gedanken auszudrücken. Freilich aber waren seine Sprechversuche geraume Zeit ein so lückenhaftes, dürftiges, kindisch-unbehilfliches Wortgehäcksel, daß man selten bestimmt wissen konnte, was er mit seinen durcheinandergeworfenen Redebruchstücken ausdrücken wolle; immer blieb dem Hörenden vieles zu erraten und durch Vermutungen zu ergänzen übrig. An ein zusammenhängendes Reden und Erzählen war bei ihm vollends gar noch nicht zu denken.

Dem ersten Bürgermeister der Stadt, Herrn Binder, als Chef der städtischen Polizei, mußte Kaspar, nicht bloß von seiten des menschlichen Interesses, sondern auch hauptsächlich in amtlicher Beziehung, nahe am Herzen liegen; und er widmete diesem wunderseltenen Polizeigegenstand seine besondere Aufmerksamkeit und Teilnahme. Es war wohl von selbst einleuchtend, daß die alltäglichen Amtsformen für diesen nichts weniger als alltäglichen Fall nicht gemacht sein konnten[15] und, um einigermaßen hinter das Geheimnis zu kommen, mit förmlichen Vernehmungen, Verhören und dergleichen amtlichen Prozeduren wenigstens vor der Hand nichts ausgerichtet werden könne. Herr Binder wählte daher, gewiß mit vollem Recht, einstweilen den Weg des freieren, außeramtlichen Wirkens. Er ließ Kaspar fast täglich in seine Wohnung bringen, machte ihn bei sich und in seiner Familie gleichsam einheimisch, sprach mit ihm und ließ ihn sprechen, so gut oder übel dieses gehen mochte, und bemühte sich, durch vielfältiges, wiederholtes Hin- und Herfragen, Auskunft über sein Leben und Hierherkommen zu erhalten. Auch gelang es endlich, nach vieler Mühe, Herrn Binder – oder er glaubte es ihm gelungen – aus den einzelnen Antworten und Äußerungen Kaspars den Stoff zu einer Geschichte herauszusaugen, welche bereits am 7. Juli desselben Jahres in einer öffentlichen Bekanntmachung[16] der Welt mitgeteilt wurde.

Ist nun gleich in dieser amtlich bekanntgemachten Geschichte – wenn man sie so nennen will – manches Unglaubliche und Widersprechende, ist bei manchen, nur allzu ausführlich und zuversichtlich gegebenen,

---

[15] Man hätte aber auch späterhin nicht den bedenklichen Versuch machen sollen, die bloßen Privatunterhaltungen in die scheinbare Form amtlicher Verhöre umzukleiden: was den in dieser Sache erwachsenen Polizeiakten ein seltsames Ansehen gibt.

[16] Diese Bekanntmachung ist es, welche bisher allen über Kaspar erschienenen Broschüren und Blättleinsnachrichten zur Grundlage gedient hat.

Einzelheiten nicht wohl auszumitteln, wieviel davon dem Antwortenden oder dem Fragenden gehören möge, und was davon wirklich aus Kaspars trüber Erinnerung geflossen, oder ihm durch vieles Fragen unwillkürlich aufgeredet und eingefragt, oder durch Vermutungen ergänzt und ausgemalt, oder auch auf bloß mißverstandenen Äußerungen dieses an Begriffen bettelarmen, mit den alltäglichsten Gegenständen der Natur und des Lebens damals noch unbekannten halbstummen Tiermenschen gegründet sei: so stimmt doch die erwähnte Geschichtserzählung im ganzen und allgemeinen d. h. was die wesentlichsten Hauptumstände betrifft, mit demjenigen überein, was Hauser in einem späterhin von ihm selbst verfaßten schriftlichen Aufsatz niedergelegt, bei den im Jahre 1829 mit ihm gepflogenen gerichtlichen Verhandlungen eidlich beteuert, und dem Verfasser, so wie vielen anderen Personen, bei verschiedenen Gelegenheiten, immer mit sich selbst übereinstimmend erzählt hat.

Diese seine Angaben sind im kurzen folgende:

„Er wisse nicht, wer er selbst und wo seine Heimat sei. Erst zu Nürnberg sei er auf die Welt gekommen[17]; hier erst habe er erfahren, daß es, außer ihm und dem Mann, bei dem er immer gewesen, auch noch andere Menschen und Geschöpfe gebe. So lange er sich

---

[17] Ein ihm noch jetzt geläufiger Ausdruck, womit er seine Aussetzung zu Nürnberg und sein Erwachen zum geistigen Leben zu bezeichnen pflegt.

entsinnen könne, habe er immer nur in einem Loch (kleinem, niedrigem Gemach, das er zuweilen auch Käfig nennt) gelebt, wo er, bloß mit einem Hemd und ledernen, hinten aufgeschlitzten, Hosen bekleidet und barfuß, auf dem Boden gesessen sei.[18] Er habe in seinem Gemach nie einen Laut gehört, weder von Menschen, noch von Tieren, noch von sonst etwas. Den Himmel habe er nie gesehen, noch habe er je eine Hellung (Sonnenlicht), wie zu Nürnberg, wahrgenommen. Einen Unterschied zwischen Tag und Nacht habe er nie erfahren, noch weniger habe er die schönen Lichter am Himmel jemals zu sehen bekommen. Neben ihm habe sich in dem Boden ein Loch (wahrscheinlich mit einem Topf) befunden, in welchem er seine Notdurft verrichtet habe. So oft er vom Schlaf erwacht, sei ein Brot neben ihm gelegen und ein Krug mit Wasser gestanden. Zuweilen habe das Wasser einen sehr bösen Geschmack gehabt; dann habe er, bald nach dessen Genuß, seine Augen nicht

---

[18] Nach Kaspars umständlicher Angabe, – welche durch die an seinem Körper zurückgebliebenen unverkennbaren Spuren, durch den ihm ganz eigenen Bau des Knies und der Kniekehle, durch die, nur ihm mögliche, ganz eigentümliche Art auf dem Boden mit ausgestreckten Füßen zu sitzen, vollkommen bestätigt wird – hat er niemals, auch nicht im Schlaf, mit dem ganzen Körper ausgestreckt gelegen, sondern immer, wachend und schlafend, mit gerade angelehntem Rücken gesessen. Wahrscheinlich, daß die Beschaffenheit seines Lagers und eine besondere Vorrichtung ihm diese Stellung notwendig machten. Er selbst weiß hierüber keine nähere Auskunft zu geben.

mehr offenhalten können und habe einschlafen müssen[19]; wenn er hierauf wieder erwacht sei, habe er wahrgenommen, daß er ein reines Hemd anhabe und seine Nägel beschnitten seien.[20] Den Mann, der ihm Essen und Trinken gebracht, habe er nie im Gesicht gesehen. In seinem Loch habe er zwei hölzerne Pferde gehabt, und verschiedene Bänder dabei. Mit jenen Rossen habe er sich, so lange er gewacht, zu jeder Zeit unterhalten; seine einzige Beschäftigung sei gewesen, sie neben sich herlaufen zu lassen, und die Bänder, die er gehabt, ihnen bald so, bald anders aufzulegen, oder umzuknüpfen. So sei ihm ein Tag wie der andere vergangen; er habe aber nichts vermißt, sei nicht krank gewesen, habe – ein einziges Mal ausgenommen

---

[19] Daß dieses Wasser mit Opium gemischt gewesen, ließ nicht nur schon diese Erzählung vermuten, sondern wurde auch späterhin bei folgender Gelegenheit zu vollkommener Gewißheit. Als Kaspar schon längst bei Prof. Daumer lebte, suchte ihm einmal sein Arzt einen Tropfen Opium in einem Glas Wasser beizubringen. Kaum hatte Kaspar einen Schluck von diesem Wasser getan, so sagte er: „Das Wasser da ist garstig, das schmeckt ja gerade wie das Wasser, das ich manchmal in meinem Käfig habe trinken müssen."

[20] Hieraus und aus anderen Umständen ergibt sich, daß Kaspar, während seiner Einkerkerung, immer mit einer gewissen Sorgfalt behandelt worden. Daher erklärt sich denn auch seine lang bewahrte Anhänglichkeit an den Mann „bei dem er immer gewesen", welche erst in sehr späten Zeiten nachgelassen hat, doch auch jetzt noch nicht bis zu dem Grade, daß er eine Bestrafung dieses Mannes wünschte. Er möchte nur diejenigen bestraft wissen, auf deren Geheiß er eingesperrt worden ist; der Mann aber habe ihm nichts Böses getan.

– nichts von Schmerz empfunden, und überhaupt sei es ihm da viel besser gegangen als auf der Welt, wo er so viel zu leiden habe. Wie lange er in dieser Lage gelebt, wisse er nicht, weil er keine Zeit gekannt. Er könne nicht angeben, wann und wie er hineingekommen; habe auch keine Erinnerung, daß er jemals in seinem Leben sich in einem anderen Zustand und anderswo als in jenem Ort befunden habe. Der Mann, bei dem er immer gewesen, habe ihm nichts zuleide getan. Eines Tages aber – was nicht lange vor seinem Wegbringen geschehen sein könne – als er mit seinen Rossen zu stark gefahren und zu viel Lärm gemacht habe, sei der Mann gekommen und habe ihn mit einem Stock (oder Scheit Holz) auf den Arm geschlagen; dies sei die Wunde, die er nach Nürnberg mitgebracht.

Ungefähr gegen dieselbe Zeit habe sich einmal der Mann in seinem Kerker eingefunden, habe ein Tischchen über seine Füße hergestellt, habe etwas Weißes, das er jetzt für Papier erkenne, vor ihm ausgebreitet, dann von hinten her, so daß er nicht habe von ihm gesehen werden können, seine Hand ergriffen und sei mit einem Ding, das er ihm zwischen die Finger gesteckt (Bleistift), auf dem Papier hin- und hergefahren. Er (Hauser) habe nicht gewußt, was das sei, habe aber gewaltige Freude empfunden, als er die schwarzen Figuren auf dem weißen Papier entstehen gesehen. Als er seine Hand wieder frei gefühlt und der Mann ihn verlassen, habe er, in der Freude über die neue Entdeckung nicht satt werden können, diese Figuren immer wieder von neuem auf das Papier zu malen. Über diese Beschäftigung habe er nun fast seine Rosse vernachlässigt, obgleich er nicht gewußt, was jene Züge bedeuten sollten. Der Mann habe auf dieselbe Weise seine Besuche zu verschiedenen Zeiten wiederholt.[21]

---

[21] Daß Kaspar wirklich Unterricht im Schreiben, und zwar regelmäßigen Elementarunterricht gehabt habe, dafür lieferte er, schon am ersten Morgen nach seinem Erscheinen zu Nürnberg, augenscheinlichen Beweis. Als der Gefangenenwärter Hiltel an gedachtem Morgen zu ihm in sein Gefängnis kam, gab er ihm, um ihn zu beschäftigen oder ihm eine Freude damit zu machen, einen Bogen Papier nebst einem Bleistift. Kaspar fiel hastig über beides her, legte das Papier auf die Bank, setzte sich davor hin auf den Boden und fing zu schreiben an und schrieb, ohne aufzublicken oder sich durch irgend etwas darin stören zu lassen, unablässig fort, bis der ganze Foliobogen auf allen seinen vier Seiten voll geschrieben war. Dieser, bei den Polizeiakten befindliche Bogen sieht nun nicht viel anders aus, als wenn Kaspar, der gleichwohl nur aus dem Gedächtnis schrieb, eine Vorschrift, nach welcher Kinder beim ersten Schreibunterricht sich zu üben pflegen, eben jetzt vor sich liegen gehabt hätte. Dieser Bogen besteht nämlich aus Reihen von Buchstaben und Silben, von denen jede Zeile fast immer nur denselben Buchstaben, dieselbe Silbe wiederholt; am Ende der Seiten sind sogar, wie bei Kindervorschriften üblich ist, alle Buchstaben des Alphabets, wie sie aufeinanderfolgen, wieder in einer Zeile zusammengestellt und gegenüber stehen, in einer anderen Zeile, die arabischen Ziffern, von 1 bis 0, ebenfalls in vollkommener Ordnung. Eine Seite des Bogens wiederholt immer den Namen „Kaspar Hauser." Auch kommt darauf das Wort: „reider" (Reiter) mehrmals vor. Daß jedoch Kaspar über die ersten Elemente des Schreibens nicht

Hierauf sei der Mann ein anderes Mal wieder gekommen, habe ihn von seinem Lager aufgehoben, ihn auf die Füße gestellt, und ihn stehen zu lehren versucht, was er zu verschiedenen Zeiten wiederholt. Er habe dieses in der Art bewerkstelligt, daß er ihn von hinten fest um die Brust gefast, seine Füße hinter Kaspars Füße gestellt, und diese zum Vorwärtsschreiten aufgehoben habe.

Endlich sei einmal wieder der Mann erschienen, habe Kaspars Hände über seine Schultern gelegt, jene zusammengebunden, und ihn so auf seinem Rücken aus dem Loch herausgeschleppt. Er sei einen Berg hinauf- (oder herab-)[22] getragen worden. Er wisse nicht, wie ihm gewesen; es sei ganz Nacht geworden, und man habe ihn auf den Boden gelegt. Dieses *Nachtwerden* bedeutete, wie sich zu Nürnberg bei verschiedener Gelegenheit ergab, in Kaspars Sprache auch so viel wie: *ohnmächtig werden.*"

Die Erzählung seiner weiteren Reise beschränkt sich im wesentlichen darauf: daß er mehrmals mit

---

hinausgekommen, geht aus jenem Probebogen ebenfalls klar hervor.

[22] Es ist an sich klar, und wird durch andere Umstände erweislich, daß Kaspar die aufsteigende Bewegung von der absteigenden, Höhe und Tiefe damals, selbst im Gefühl, noch nicht unterscheiden, wieviel weniger diesen Unterschied durch Worte gehörig bezeichnen konnte. Was Kaspar „Berg" nennt, war wohl, wie nach anderen Äußerungen desselben nicht unwahrscheinlich ist, eine Treppe. Kaspar will sich erinnern, daß er beim Tragen neben angestreift sei.

dem Gesicht auf dem Boden gelegen habe, wo es dann Nacht geworden sei; daß er einige Male Brot gegessen und Wasser getrunken; daß der Mann, „bei dem er immer gewesen" öfters ihn Gehen zu lehren sich bemüht habe, was ihm immer sehr wehgetan usw. „Dieser Mann habe nichts zu ihm gesprochen, außer daß er ihm immer die Worte vorgesagt: *Reutä wähn* etc. etc. Er (Kaspar) habe den Mann so wenig auf dieser Reise, als früher im Gefängnis im Gesicht gesehen. Dieser habe ihm, so oft er ihn geführt, streng bedeutet, immer vor sich hin auf den Boden und auf seine Füße zu blicken, was er teils aus Furcht, teils auch darum gewissenhaft befolgt, weil er ohnehin mit sich und seinen Füßen genug zu tun gehabt habe. Nicht lange zuvor, ehe er zu Nürnberg wahrgenommen worden, habe ihm der Mann die Kleider angezogen, mit denen er zu Nürnberg erschienen. Sehr schmerzhaft sei es ihm gewesen, als ihm die Stiefel angezogen worden; denn der Mann habe ihn auf die Erde niedergesetzt, ihn von hinten gepackt, seine Füße gewaltsam hinaufgezogen, und ihm so vom Rücken her seine Füße in die Stiefel hineingezwängt. Nun sei es wieder vorwärts gegangen, noch elender als zuvor. Er habe, so wenig jetzt als früher, irgend etwas von den ihn umgebenden Dingen wahrgenommen, habe nichts beobachtet und nichts gesehen; könne daher nicht angeben, von welcher Gegend her, in welcher Richtung, auf welchem Weg er nach Nürnberg hineingekommen. Nur so viel sei ihm bewußt, daß zuletzt der Mann, der ihn geführt, ihm den Brief in die Hand gedrückt habe, und dann verschwunden sei; worauf ein Bürger ihn (Kaspar) wahrgenommen und zur Wache am neuen Tor gebracht habe."

Diese Geschichte der geheimnisvollen Gefangenhaltung und Aussetzung eines jungen Menschen ist nun fürwahr nicht nur ein grauenhaftes, sondern auch ein seltsames, dunkles Rätsel, wobei sich außerordentlich vieles fragen und raten, aber wenig mit Gewißheit beantworten läßt, und welches natürlicherweise, so lange noch nicht dessen Auflösung gelungen, mit jedem anderen Rätsel die Eigenschaft gemein hat, daß es – rätselhaft ist. Der Seelenzustand Kaspars während seines Kerkerlebens war der Zustand eines Menschen, der, als Kind in tiefen Schlaf versenkt, diesen Schlaf, in welchem es für ihn keinen Traum, wenigstens keinen Wechsel von Träumen gibt, dumpf fortschläft, bis er, im wilden Getöse der bunten Welt, von Angst und Schmerz aufgeschreckt, daraus erwacht, und nun betäubt, nicht weiß, wie ihm geschehen sei. Wer in der Folge, nachdem solch ein Mensch zu vollem Bewußtsein gekommen, eine vollständige, umständliche, den Verstand über alle Zweifel befriedigende, geschichtliche Beschreibung seines Schlafs und seiner Träume erwartete, würde nichts Geringeres verlangen, als daß ein Schlafender schlafend gewacht, ein Wachender wachend geschlafen habe.

In gewissen Gegenden Deutschlands, welche ein zweiter Dupin auf seiner *Landkarte der Aufklärung* mit Dunkelgrau ausmalen dürfte, sind ähnliche Ereignisse, wie sie Hauser von sich erzählt, nichts weniger als unerhört. So sah Dr. Horn[23] noch vor wenigen Jahren in dem Krankenhaus zu Salzburg ein 22jähriges nicht häßliches Mädchen, die bis in ihr 16. Jahr in einem Schweinestall unter den Schweinen auferzogen worden war und darin viele Jahre mit übereinandergeschlagenen Beinen gesessen hatte. Das eine Bein war ganz verbogen, sie grunzte wie ein Schwein und betrug sich ungebärdig in ihrem menschlichen Anzug. Gegen solchen Greuel sind die an Kaspar verübten Verbrechen sogar noch schonungsvolle Handlungen der Menschlichkeit.

Daß Kaspar von der Art und Weise, wie er nach Nürnberg geschafft worden, so wenig anzugeben, von seinen Reiseabenteuern, von den Orten durch welche er gekommen, und von allem anderen was wir auf unseren Reisen, zu Wagen oder zu Fuß, zu sehen und zu beobachten pflegen, so gut wie gar nichts zu erzählen weiß, ist so wenig zu verwundern, daß vielmehr das Gegenteil ein Wunder sein müßte. Wäre sogar Kaspar bereits in seinem Kerker zu vollkommen klarem, vernünftigem Selbstbewußtsein erwacht gewesen, hätte er in seiner Gruft, wie Sigismund in seinem Turm[24] durch Erziehung und Bildung, zur geistigen Reife eines Jünglings gedeihen können: so

---

[23] In dessen *Reisen durch Deutschland.* (S. *Gött. Ges. Anz.* Juli 1831. S. 1079.)
[24] In Calderons *Das Leben ein Traum.*

würde er gleichwohl, infolge des plötzlichen Über-
gangs aus engem dumpfem Kerker in die freie Natur,
in Ohnmacht oder in einen höchster Trunkenheit
ähnlichen Zustand haben geraten müssen. Der ungewohnte Eindruck der äußeren Luft mußte ihn be-
täuben, das helle Sonnenlicht seine Augen blenden.
Er würde sogar mit ungeblendeten sehenden Augen
doch nichts gesehen, wenigstens nichts bemerkt und
erkannt haben; es konnte damals die Natur mit allen
ihren Erscheinungen nur wie eine verworrene
buntgefleckte Masse, in welcher für ihn noch nichts
einzelnes sich unterscheiden ließ, vor seinem Gesicht
vorüberflimmern: was, wie wir bald zeigen werden,
noch zu Nürnberg an ganz unzweideutigen Erfahrungen sich bewährt hat.

Von welcher Gegend ungefähr Kaspar hergebracht
worden? Auf welchem Weg er gekommen und durch
welches Tor? Ob er zu Fuß oder zu Wagen oder ab-
wechselnd auf beide Art seine Reise gemacht habe?
Dieses und anderes dergleichen sind Fragen, die, wenn
sie auch mit Entschiedenheit beantwortet werden
könnten, doch nur für den untersuchenden und
erkennenden Richter, wenig für das Publikum von
Interesse sein würden. Kaspar selbst erinnert sich nur
seines Gehens, ohne daß sich in seiner Erzählung ein
Maßstab auffinden ließe, nach welchem man einigermaßen beurteilen könnte, wie lange er zu Fuß gegangen, welchen Raum er ungefähr gehend zurückgelegt habe? Daß er vom Fahren gar keine Erinnerung

hat, beweist noch keineswegs, daß er nicht dennoch, und vielleicht die größte Strecke des Wegs, gefahren worden. Kaspar versinkt auch jetzt noch beim Fahren, zumal in freier Luft, sehr bald in einen förmlichen Totenschlaf, aus welchem er, der Wagen mag rollen oder stillstehen, nicht zu erwecken ist, und in welchem Zustand man ihn, so unsanft es auch geschehe, aufheben, hinlegen, auspacken und wieder einpacken kann, ohne daß er davon das mindeste wahrnähme. Hat ihn einmal der Schlaf gefaßt, so ist kein Geräusch und Getöse, kein Schall, kein Donner stark genug, ihn aufzuwecken. Wurde nun Kaspar – wie aus seinen eigenen Angaben zu schließen ist – sobald er in die freie Luft kam, ohnmächtig, hatte man ihm wohl gar, zu größter Vorsicht, vorher noch von dem übelschmeckenden Wasser (mit Wasser verdünntem Opium)[25] zu trinken gegeben: so konnte man ihn getrost in einen Wagen werfen und hierauf einige, oder auch mehrere Tagesreisen mit ihm zurücklegen, ohne daß man zu besorgen hatte, daß er aufwachen, schreien oder sonst auf eine Weise seinem Entführer sich unbequem erweisen möge.

Auf scharfsinnige Weise sucht Herr Schmidt von Lübeck in seiner Schrift: *Über Kaspar Hauser* (Altona, 1831.) die Vermutung zu begründen, daß Kaspar ganz aus der Nähe von Nürnberg dahin gebracht worden sei. Für diese, wie für noch viele andere Vermutungen läßt diese Geschichte weiten, unbe-

---

[25] S. oben.

grenzten Raum. Daß derjenige, von welchem Hauser nach Nürnberg gebracht worden, ein mit Nürnberg und dessen Örtlichkeiten genau bekannter Mann sein müsse, ist gewiß, und daß er ehemals als Soldat bei einem dortigen Regiment gedient, wenigstens höchst wahrscheinlich.

Die an der Person Kaspars begangenen Verbrechen, so weit dieselben angezeigt vorliegen, sind, nach bayerischem Strafgesetzbuch beurteilt,

I. das Verbrechen widerrechtlicher Gefangenhaltung (StGB. Tl. I. Art. 192 bis 195) und zwar doppelt ausgezeichnet, sowohl hinsichtlich der Dauer, sofern die Gefangenhaltung von der frühesten Kindheit an, wie es scheint, bis in das Jünglingsalter fortgesetzt worden ist, als auch hinsichtlich der Art, sofern dieselbe mit besonderen „Mißhandlungen" verbunden war, wohin nicht bloß das tierische, den Körper des Unglücklichen verkrüppelnde Lager, die elende, kaum einem Hund genügende Kost, sondern auch, und zwar vor allem, die grausame Versagung jeder, auch der kleinsten Gaben, welche die Natur, selbst über den Ärmsten, mit freigebigen Händen ausschüttet, die Entziehung aller Mittel geistiger Entwickelung und Ausbildung, das widernatürliche Zurückhalten einer menschlichen Seele im Zustand vernunftloser Tierheit, unstreitig zu rechnen sind. Es trifft damit

II. objektiv zusammen das Verbrechen der Aussetzung, welches, nach dem StGB. Tl. I. Art. 174 nicht bloß an Kindern, sondern auch an erwachsenen

Personen begangen werden kann, wenn sie „wegen Krankheit oder Gebrechlichkeit sich selbst zu helfen unvermögend sind", unter welche Personen der damals noch tierischdumme, sehendblinde, kaum noch aufrechtgehende Kaspar gewiß gehörte. Die Aussetzung Kaspars war zugleich eine durch ihre Lebensgefährlichkeit ausgezeichnete Aussetzung. Dieser Mensch war, bei seinem damaligen geistigen und leiblichen Zustand, in Gefahr, entweder in die dem Ort der Aussetzung nahe Pegnitz zu stürzen, oder überritten und überfahren zu werden.

Wäre dem gemeinen Recht oder dem bayerischen Strafgesetzbuch ein besonderes Verbrechen gegen die Geisteskräfte[26], oder, wie es richtiger zu bezeichnen wäre, ein Verbrechen am Seelenleben bekannt, so würde dieses, in der rechtlichen Beurteilung, neben dem Verbrechen der Gefangenhaltung den ersten Rang einnehmen, vielmehr jenes in diesem, als dem schwereren, untergehen (von demselben absorbiert werden) müssen. Die Entziehung äußerer Freiheit, wiewohl an sich schon ein unersetzliches Übel, steht gleichwohl in keinem Vergleich mit der nicht zu berechnenden Summe unschätzbarer, unersetzlicher Güter, welche in jenem Raub an der Freiheit und durch die Art und Weise seiner Vollziehung, dem Unglücklichen teils gänzlich entzogen, teils für seine noch übrige Lebenszeit zerstört oder verkümmert

---

[26] Siehe Abegg *Untersuchungen aus dem Gebiete der Strafrechtswissenschaft.* Abtl. III.

worden sind, und wodurch nicht bloß an dem Menschen in seiner äußeren leiblichen Erscheinung, sondern an seinem innersten Wesen, an seinem geistigen Dasein, an dem Heiligtum seiner vernünftigen Natur selbst der raubmörderische Frevel vollbracht worden ist. Wenn unsere Schriftsteller solche Missetaten bloß als Verstandesberaubung (noochiria) bezeichnen und, wie Tittmann[27], zu dessen Tatbestand „Bewirkung der Verstandlosigkeit oder des Wahnsinns" als wesentliche Bedingung fordern: so zeigt das Beispiel Kaspar Hausers, daß jener Begriff bei weitem zu beschränkt gefaßt sei, und ein Gesetzgeber, welcher durch Aufstellung einer solchen Gattung von Verbrechen sein System vervollständigen zu müssen glaubte, einen bei weitem höheren, freieren Standpunkt würde zu nehmen haben. Kaspar ist durch die während seiner Kindheit erlittene Einsperrung weder in Blödsinn, noch in Wahnsinn verfallen; er ist, wie wir in der Folge genauer erfahren werden, nach seiner Befreiung, aus dem Zustand der Tierheit herausgetreten und hat sich so weit entwickelt, daß er, mit gewissen Einschränkungen, als ein vernünftiger, verständiger, sittlicher und gesitteter Mensch überall gelten kann. Gleichwohl wird niemand verkennen, daß es hauptsächlich der verbrecherische Eingriff in das Seelenleben dieses Menschen, der Frevel an seiner höheren geistigen Natur ist, welcher die empörendste Seite der an ihm verübten Handlung ausmacht. Das Unter-

---

[27] *Handbuch der Strafrechtswissenschaft.* Tl. I. §. 179 ff.

nehmen, einen Menschen durch künstliche Veranstaltung von der Natur und anderen vernünftigen Wesen auszuschließen, ihn seiner menschlichen Bestimmung zu entrücken, ihm alle die geistigen Nahrungsstoffe zu entziehen, welche die Natur der menschlichen Seele zu ihrem Wachsen und Gedeihen, zu ihrer Erziehung, Entwicklung und Bildung angewiesen hat: solches Unternehmen ist, ohne alle Rücksicht auf seine Folgen, an und für sich schon der strafwürdigste Eingriff in des Menschen heiligstes, eigenstes Eigentum, in die Freiheit und Bestimmung seiner Seele. Hierzu aber kommt vor allem noch dieses. Kaspar, während seiner Jugendzeit in tierischen Seelenschlaf versenkt, hat diesen ganzen großen und schönen Teil seines Lebens verlebt, ohne ihn gelebt zu haben. Er war während dieser Zeit einem Toten zu vergleichen; indem er seine Jugend verschlief, ist sie ihm vorübergegangen, ohne daß er sie gehabt hätte, weil er sich ihrer nicht bewußt werden konnte. Diese Lücke, welche die an ihm begangene Missetat in sein Leben gerissen, ist durch nichts mehr auszufüllen; die nicht verlebte Zeit nicht mehr zurückzuleben, die während seines Seelenschlafs ihm entflohene Jugend nicht mehr einzuholen. Wie lang er auch leben möge, er bleibt ewig ein Mensch ohne Kindheit und Jugend, ein monströses Wesen, das naturwidrig sein Leben erst in der Mitte des Lebens angefangen hat. Sofern ihm auf diese Weise seine ganze frühere Jugendzeit genommen worden, war er der Gegenstand eines –

um mich so auszudrücken – partiellen Seelenmords. Die an Kaspar verübte Tat unterscheidet sich daher von dem Verbrechen desjenigen, der einen an Verstand gesunden Menschen erst späterhin in dumpfen Blödsinn oder sonst in bewußt- und vernunftlosen Zustand versetzt, bloß hinsichtlich der verschiedenen Lebensepoche, welche vom Seelenmord, betroffen wird; dort wurde ein menschliches Seelenleben an seinem Anfang, hier an seinem Ende verstümmelt. Ein nicht zu übersehendes Hauptmoment ist auch noch dieses: Da Kindheit und Jugend von der Natur zur Entwicklung und Ausbildung, wie des leiblichen so des geistigen Lebens, bestimmt sind, und die Natur keine Sprünge macht; so sind Kaspar, der erst im Jünglingsalter als Kind zur Welt gekommen ist, jetzt und für alle Zukunft die verschiedenen Lebensstufen gleichsam verrückt, aus- und durcheinander geschoben. Indem er sein Kinderleben erst im Alter der physischen Reife beginnen konnte, bleibt er, sein ganzes Leben lang, mit dem Geist hinter seinem Alter zurück, mit dem Alter seinem Geist voraus. Geistiges und physisches Leben, welche, bei naturgemäßem Entwickelungsgang, miteinander gleichen Schritt halten, haben sich auf diese Weise in Kaspars Person gleichsam voneinander losgerissen, und in naturwidrigen Gegensatz gestellt. Die verschlafene Kindheit konnte darum, weil sie verschlafen worden, nicht überlebt werden; er muß sie nachleben und sie wird ihm nunmehr zur Unzeit, eben darum aber auch nicht als lächelnder Genius, sondern wie ein beängstigendes Gespenst bis in die späteren Jahre folgen. Wägt man zu allem diesem noch die Verwüstung ab, welche das Schicksal seiner Jugend in seinem Gemüt angerichtet hat, und welche erst der Verfolg dieser Erzählung klar vor Augen stellen wird: dann wird man an diesem Beispiel erkennen, daß die Verstandesberaubung den Begriff von Verbrechen am Seelenleben bei weitem nicht erschöpft.

Welche andere Verbrechen allenfalls noch hinter der an Kaspar verübten Missetat versteckt sein mögen? Auf welche Zwecke die verborgene Gefangenhaltung Hausers berechnet gewesen? Diese Fragen würden uns zu weit in das luftige Gebiet der Vermutungen, oder in gewisse geheiligte Räume führen, welche eine solche Beleuchtung nicht vertragen.

Dieses in der Geschichte menschlicher Greueltaten kaum noch erhörte Verbrechen, bietet dem Rechts-gelehrten, wie dem gerichtlichen Arzt, auch noch folgende merkwürdige Seite dar. Die Erforschung und Beurteilung von Seelenzuständen hat gewöhnlich nur den Verbrecher selbst zum Gegenstand, bezüglich der Aufgaben über Zurechnungsfähigkeit oder Unzurech-nungsfähigkeit seiner Handlungen. Hier ist der in seiner Art ganz einzige Fall gegeben, daß, zum aller-größten Teil, der Tatbestand des Verbrechens in dem Grund einer Menschenseele ruht, wo derselbe auf rein psychischem Wege zu erforschen und nur durch Beobachtung der Geistes- und Gemütsäußerungen des Beschädigten zu begründen und festzustellen ist.

Auch über die Geschichte der Tat haben wir vor der Hand keine andere Kunde als die Erzählung desjenigen, an dem sie begangen worden; aber die Wahrheit der Erzählung ist uns verbürgt durch die Persönlichkeit des Erzählenden, an dessen Leib, Geist und Gemüt – wie wir noch umständlicher erfahren werden – die Tat selbst in sichtbaren Zügen deutlich geschrieben steht. Nur wer das erfahren und gelitten was Kaspar, kann wie Kaspar sein; und wer so sich zeigt wie Kaspar, muß in dem Zustand gelebt haben, wie ihn Kaspar von sich erzählt hat. So ruht zugleich die Würdigung der Glaubwürdigkeit des eine fast unglaubliche Begebenheit Erzählenden ebenfalls zum allergrößten Teil nur auf psychologischem Grund. Es gewähren aber die auf diesem Boden gefundenen Ergebnisse eine Beglaubigung, die jeden anderen Beweis an Stärke überwiegt. Zeugen können lügen, Urkunden verfälscht sein; aber kein anderer Mensch, er müßte denn mindestens ein mit etwas Allmacht und Allwissenheit ausgerüsteter Zauberer sein, vermöchte eine Lüge dieser Art so zu lügen, daß sie, wo man sie auch beleuchtete, wie die lauterste reinste Wahrheit, wie die in Person erscheinende Wahrheit selbst aussähe. Wer an Kaspars Erzählung zweifelte, müßte an Kaspars Person zweifeln. Solch ein Zweifler würde dann aber mit ebensoviel Vernunft zweifeln dürfen: ob ein Mensch, der aus hundert Wunden blutend, in Todeszuckungen vor seinen Augen liegt, ein wirklich Verwundeter und Sterbender sei, oder ob er nicht vielmehr den Verwundeten und Sterbenden nur spiele? – Doch dem Urteil der Leser ziemt es sich noch nicht vorzugreifen. Meine Darstellung der Person Kaspars hat erst begonnen.

V.

Schon war Kaspar Hauser weit über einen Monat zu
Nürnberg, als ich unter den neuesten Neuigkeiten von
diesem Findling erzählen hörte. Amtliche Anzeigen
über dieses Ereignis waren den obersten Behörden der
Provinz noch nicht zugekommen. Bloß als Privat-
mann, aus menschlichem und wissenschaftlichem Interesse, begab ich mich daher am 11. Juli (1828) nach
Nürnberg, um diese in ihrer Art einzige Erscheinung
zu beobachten.

Kaspar hatte damals noch immer seine Wohnung
auf dem Luginsland am Vestner Tor, wo jedermann
zu ihm gelassen wurde, der ihn zu besehen Lust hatte.
– Wirklich genoß Kaspar vom Morgen bis zum Abend
kaum eines geringeren Zuspruchs, als das Känguruh
und die zahme Hyäne in der berühmten Menagerie
des Herrn van Aken.

So machte ich mich denn, in Begleitung des Herrn
Obristen von D., zweier Damen und zweier Kinder,
ebenfalls zu ihm auf den Weg, und traf glück-
licherweise eine Stunde, wo der Schauplatz keinen
anderen Zuspruch hatte.

Kaspars Wohnung war ein kleines, doch reinliches
helles Stübchen, dessen Fenster ins Freie geht, wo

sich dem Auge eine weite freundliche Landschaft darbietet. Wir trafen ihn barfuß, mit ein paar alten langen Beinkleidern bekleidet, übrigens bloß im Hemd.

Die Wände des Zimmers, so weit man reichen konnte, hatte sich Kaspar mit gemalten Bilderbogen – Geschenke der vielen Besuchenden – ausgeschmückt. Er klebte sie jeden Morgen von neuem mit seinem, damals wie Leim zähen Speichel[28] an die Wand, und nahm sie, sobald es dämmerig wurde, wieder herab, um sie neben sich zusammenzulegen. Auf der an den Wänden umherlaufenden, festgemachten Bank befand sich in der Ecke sein Bett – ein Strohsack, mit einem Kopfkissen und einer wollenen Decke. – Der ganze übrige Raum der Bank war dicht mit einer Menge des mannigfaltigsten Kinderspielzeugs, mit hunderten bleierner Soldaten, mit hölzernen Hündchen, Pferdchen und anderen Nürnberger Waren überdeckt. Bei Tag beschäftigte er sich jetzt schon wenig damit; doch machte er sich noch die nicht geringe Arbeit, alle diese Sachen und Sächelchen abends sorgfältig zusammenzulegen, dann, sogleich nach seinem Erwachen, wieder auszupacken und in eine gewisse Ordnung nebeneinander zu reihen. Der Wohltätigkeitssinn der wackeren Nürnberger hatte ihn überdies mit mehreren Kleidungsstücken beschenkt, die er unter

---

[28] Der Speichel war so sehr leimartig, daß beim Wegnehmen der Blätter, entweder Stückchen von diesen an der Wand, oder Teile vom Bewurf der Wand an dem Papier hängenblieben.

seinem Kopfkissen verwahrte und uns mit kindischem Behagen, nicht ohne einige Eitelkeit, vorzeigte. Auf der Bank, unter den Spielsachen, lagen auch verschiedene Geldstücke umher, denen er aber keine Aufmerksamkeit schenkte. Ich nahm davon einen beschmutzten Kronentaler und einen noch ganz neuen Vierundzwanziger in die Hand, ihm andeutend: welches von beiden Stücken er am liebsten habe? Er wählte das kleine, glänzende; das große nannte er garstig, und machte dabei die Miene des Widerwillens. Als ich ihm begreiflich zu machen suchte, daß gleichwohl das größere Stück mehr wert sei, und daß man dafür bei weitem mehr schöne Sachen bekommen könne, als für das kleine, horchte er zwar aufmerksam zu, verfiel auch sogleich in starres Nachdenken, gab mir aber zuletzt zu erkennen, daß er nicht wisse, was ich sagen wolle.

Er zeigte, als wir bei ihm eintraten, nichts weniger als Menschenscheu oder Schüchternheit, vielmehr zutrauliches Entgegenkommen, und Freude über unseren Besuch. Am ersten machte er sich mit der glänzenden Uniform des Obristen zu schaffen; den von Gold strahlenden Helm konnte er nicht satt werden zu bewundern; dann zogen die Frauenzimmer mit ihren bunten Kleidern seine Aufmerksamkeit auf sich; ich, in einem bescheidenen schwarzen Frack, wurde anfangs kaum eines Blicks gewürdigt. Jeder von uns stellte sich ihm besonders vor und nannte ihm seinen Namen und Titel. Kaspar trat bei jeder solchen

Vorstellung nahe zu dem Vorgestellten hin, sah ihn scharf stierend an, überflog mit schnellem durchdringendem Blick, der Reihe nach, jeden besonderen Teil des Gesichts, als: Stirn, Augen, Nase, Mund, Kinn etc. und faßte ganz zuletzt, wie ich deutlich beobachtete, die erst stückweise zusammengelesenen Teile der Physiognomie in ein Ganzes zusammen. Er wiederholte hierauf den Namen der Person, den man ihm vorgesagt hatte. Und nun kannte er die Person, und kannte sie, wie die späteren Erfahrungen zeigten, für immer.

Seine Augen wendete er, so viel er nur konnte, vom hellen Tageslicht ab. Dem vom Fenster her gerade einfallenden Sonnenstrahl wich er auf das sorgfältigste aus. Hatte einmal zufällig ein solcher Strahl seine Augen getroffen, so blinzte er heftig, runzelte die Stirn und verriet unverkennbar Schmerzen; seine Augen waren überdies etwas entzündet und zeigten überhaupt große Empfindlichkeit gegen das Licht.

Die linke Hälfte seines, in späterer Zeit vollkommen regelmäßigen, Gesichts, war damals auffallend von der rechten Seite desselben verschieden. Jene war merklich verzogen und verzerrt; öfters fuhren heftige Zuckungen, wie Blitze, darüber hin. An diesen Zuckungen nahm stets die linke Seite des ganzen Körpers, besonders der Arm und die Hand, sichtbaren Anteil. Wurde ihm etwas gezeigt, was seine Neugier in Bewegung setzte, sprach man ein ihm auffallendes, nicht verständliches Wort, sogleich stellten sich diese

Zuckungen ein, die meistenteils zuletzt in eine Art von Erstarrung übergingen. Er stand dann unbeweglich da, keine Muskel des Gesichts regte sich, die Augen stierten, ohne zu blinzeln, wie leblos vor sich hin; er stellte eine Bildsäule dar, die weder sieht noch hört, und durch keine äußeren Eindrücke zu einer Lebensregung geweckt werden kann. Diesen Zustand konnte man an ihm beobachten, so oft er über etwas nachsann, so oft er zu einem neuen Wort den entsprechenden Begriff, zu einem neuen Ding das entsprechende Wort suchte, oder irgend etwas ihm noch Unbekanntes an schon Bekanntes anzuknüpfen, jenes aus diesem sich begreiflich zu machen bestrebte.

Die Worte, die er sagen konnte, sprach er bestimmt und deutlich, ohne Stocken oder Stammeln. Allein an eine zusammenhängende Rede war bei ihm noch nicht zu denken, und seine Sprache war so dürftig als der Vorrat seiner Begriffe. Schwer war es daher auch, sich ihm verständlich zu, machen. Kaum hatte man ein paar Sätze zu ihm gesagt, die er zu verstehen schien, so hatte, man etwas ihm Fremdes beigemischt, wobei er dann, wenn er es zu begreifen wünschte, sogleich wieder in seine Zuckungen verfiel. In allem was er sprach fehlten noch meistens die Bindewörter, Partikeln und Hilfszeitwörter; seine Konjugation umfaßte wenig mehr als den Infinitiv; und am schlimmsten stand es mit dem Syntax, dessen Teile gar erbärmlich zerzaust und durcheinandergeworfen wurden. „Kaspar sehr brav", statt: ich bin sehr brav,

„Kaspar scho Juli sage", statt: ich will es dem Julius (Sohn des Gefangenenwärters) sagen", war seine durchgängige Redeweise Das: Ich, kam noch selten vor; er sprach fast immer von sich in der dritten Person: Kaspar, zu anderen, statt in der zweiten Person, ebenfalls in der dritten, z. B. statt: Sie, nicht anders als: Herr Obrist, Frau Generalin etc. Auch zu ihm mußte man nicht: „Du", sondern „Kaspar" sagen, wenn er sogleich verstehen sollte, wen man meine.[29] Ein und dasselbe Wort wurde häufig in den verschiedensten Bedeutungen gebraucht, was dann oft gar manches lächerlich-possierliche *qui pro quo* zum Vorschein brachte. Viele, bloß eine Spezies bezeichnende, Worte gebrauchte er für die ganze Gattung. So z. B. galt ihm das Wort: Berg, für jede Wölbung oder Erhöhung, weshalb er einen dickbauchigen Herrn, dessen Name ihm entfallen war, als den „Mann mit dem großen Berg" bezeichnete; eine Dame, deren Schal hinten so tief herabhing, daß der Zipfel auf dem Boden schleifte, hieß ihm: „die Frau mit dem schönen Schweif." Man wird wohl erwarten, daß ich nicht unterließ, ihm durch mancherlei Fragen zur Erzählung seines Schicksals Veranlassung zu geben. Allein alles, was ich aus ihm herausbringen konnte, war ein so kauderwelsches, verworrenes, unbestimmtes Zeug, daß ich, mit seiner Sprachweise

---

[29] Auch Prof. Daumers Notaten stimmen mit dieser Beobachtung überein.

noch nicht vertraut, das meiste nur erraten, vieles gar nicht verstehen konnte.

Es schien mir nicht unwichtig, seinen Geschmack hinsichtlich der verschiedenen Farben auf die Probe zu stellen. Er zeigte auch in dieser Beziehung ganz den Sinn der Kinder und der sogenannten Wilden. Die rote Farbe, und zwar die recht schreiend rote, ging ihm über alles; die gelbe war ihm zuwider, außer wenn sie als Gold glänzend in die Augen stach, in welchem Fall seine Wahl zwischen diesem Gelb und jenem Rot schwankte; Weiß ließ ihn gleichgültig; aber Grün war ihm fast so abscheulich als Schwarz. – Dieser Geschmack, besonders seine Vorliebe für das Rote, hing ihm, wie die späteren Beobachtungen des Prof. Daumer bekunden, noch lange nachher an, als seine Bildung schon um eine große Strecke weiter vorgeschritten war. Wäre es ihm freigestellt worden, er würde sich selbst und andere, denen er wohlwollte, von Kopf bis zu Füßen in Scharlach oder Purpur gekleidet haben. An der Natur hatte er, schon wegen der Grundfarbe ihres Gewandes, des Grün, keinen Gefallen. Sollte er sie schön finden, so mußte man sie ihn durch ein rotgefärbtes Glas ansehen lassen. In der Wohnung des Prof. Daumer, die er, bald nach meinem Besuch bei ihm, gegen seinen Aufenthalt auf dem Luginsland vertauschte, gefiel es ihm darum nicht ganz recht, weil er da nur die Aussicht in den Garten, auf die vielen, wie er meinte, garstigen grünen Bäume und Pflanzen hatte. Die in einer engen unfreundlichen Straße gelegene Wohnung eines Freundes seines Lehrers gefiel ihm dagegen ungemein, weil da, gegenüber und ringsherum, lauter schön rotangestrichene Häuser zu sehen waren. Als ihm einst ein Baum voll roter Äpfel gezeigt wurde, äußerte er darüber großes Wohlgefallen; nur, meinte er, würde der Baum noch viel schöner sein, wenn auch die Blätter ebenso rot wären. – Als er, der bloß Wasser trank, einst roten Wein trinken sah, sagte er: „wenn ich nur auch Sachen trinken könnte, die so schön aussehen!" – Seinen Lieblingstieren, den Pferden, wünschte er nur noch einen Vorzug: statt der schwarzen, braunen, weißen, die scharlachrote Farbe.

Die Neugier und der Wissensdurst, so wie die eiserne Beharrlichkeit, womit er bei einer Sache aushielt, die er zu lernen oder zu begreifen sich vorgesetzt hatte, überstiegen jede Vorstellung, und waren in ihren Äußerungen herzergreifend. Mit seinen Spielsachen beschäftigte er sich, wie schon früher bemerkt worden, des Tages über nicht mehr; seine Tagesstunden füllte er mit Schreiben, Zeichnen und anderen Lehrgegenständen aus, womit ihn Prof. Daumer beschäftigte. Bitter beklagte er sich gegen uns, daß die vielen Leute, die ihn immer besuchten, ihm keine Ruhe ließen, und er nichts lernen könne. Rührend war es, seinen oft wiederkehrenden Jammer darüber zu hören, daß die Leute auf der Welt so vieles wissen, und er so vieles noch gar nicht gelernt habe. Eine seiner Lieblingsbeschäftigungen, nächst dem

Schreiben, war das Zeichnen, zu welchem er ebensoviel Fähigkeit als Beharrlichkeit mitbrachte. Seit mehreren Tagen hatte er sich es zur Aufgabe gemacht, das lithographierte Bildnis des Herrn Bürgermeisters Binder abzuzeichnen. Ein ganzer großer Pack Quartblätter war mit diesen Kopien vollgezeichnet; sie lagen, wie sie allmählich entstanden waren, in langer Reihenfolge geordnet aufeinander. Ich ging sie einzeln durch; die ersten Versuche glichen ganz den Bildern unserer kleinen Kinder, die ein Gesicht gezeichnet zu haben meinen, wenn sie eine Figur, welche ein Oval vorstellen soll, mit einem Paar rundlicher Schnörkel, nebst einigen langen und Querstrichen darin, auf ein Papier hingesudelt haben. Allein fast in jedem der folgenden Versuche waren Fortschritte sichtbar, so daß allmählich jene Striche einem Menschengesicht immer ähnlicher wurden, und endlich das Original, obgleich noch ziemlich unvollkommen und roh, bis zur Kenntlichkeit darstellten. Ich äußerte ihm über seine spätesten Versuche meinen Beifall; er aber zeigte sich nicht befriedigt und gab mir zu verstehen, er werde das Bild noch gar vielmal abzeichnen müssen, bis es ganz recht sei; dann werde er es dem Herrn Bürgermeister schenken.

Mit seinem Leben auf der Welt zeigte er sich nichts weniger als zufrieden; er sehnte sich zu dem Mann zurück, bei dem er immer gewesen. Zu Hause (in seinem Loch), äußerte er, habe er niemals so viele Schmerzen im Kopf gehabt, und man habe ihn nicht so gequält, wie jetzt auf der Welt. Er deutete damit auf die Unbehaglichkeiten und Schmerzen, welche die vielen, ihm ganz ungewohnten, neuen Eindrücke, die verschiedenen ihm widrigen Gerüche usw. verursachten, wie auf die vielen Besuche der Neugierigen, ihr ewiges Fragen, und manche ihrer unbesonnenen, nicht eben humanen Experimente. Dem Mann, bei dem er immer gewesen, hat er daher auch weiter nichts vorzuwerfen, als daß er noch nicht gekommen, um ihn wieder nach Hause zu bringen, und daß er von so viel schönen Sachen auf der Welt ihm gar nichts gezeigt, noch gesagt habe. Er will so lange in Nürnberg bleiben, bis er gelernt, was der Herr Bürgermeister und der Herr Professor (Daumer) wissen; dann soll ihn der Herr Bürgermeister nach Hause bringen, und dann will er dem Mann zeigen, was er unterdessen gelernt hat. Als ich ihm hierauf äußerte: wie er doch zu dem bösen abscheulichen Mann wieder zurück möge? fuhr er mich sanft zürnend mit den Worten an: „Mann nit bös, Mann mir nit bös tan."

Von seinem erstaunenswürdigen, ebenso schnellen als zähen, Gedächtnis bekamen wir bald die auffallendsten Proben. Bei jedem der vielen kleinen und großen Dinge, bei jedem Bild und Bildchen in seinem Haushalt, nannte er uns den Namen und Titel der Person, von der er es zum Geschenk erhalten hatte, und, kamen hierbei verschiedene Personen mit demselben Hauptnamen vor, so unterschied er sie entweder durch ihren Vornamen oder durch andere

Prädikate. Ungefähr eine Stunde, nachdem wir ihn verlassen hatten, trafen wir mit ihm auf der Straße zusammen, als er eben zum Herrn Bürgermeister geführt wurde. Wir redeten ihn an und, als wir ihn aufgefordert hatten, uns unsere Namen zu sagen, nannte er jeden von uns, ohne sich zu besinnen oder zu stocken, mit unserem vollen Namen, samt Titulaturen, die gleichwohl für ihn nur barer Unsinn sein konnten. Der Arzt, Dr. Osterhausen, machte zu einer anderen Zeit an ihm die Erfahrung, daß er, nachdem man ihm einen Blumenstrauß gezeigt und die Namen der einzelnen Blumen vorgesagt hatte, er mehrere Tage nachher jede dieser Blumen wieder zu erkennen und mit ihrem Namen zu bezeichnen wußte. Dieses Gedächtnis hat jedoch späterhin und, wie es scheint, in demselben Verhältnis abgenommen, in welchem es reicher geworden war, und sein Verstand mehr Arbeit bekommen hatte.

Seine Folgsamkeit gegen alle diejenigen Personen, welche väterliche Autorität über ihn erlangt haben, besonders gegen den Hrn. Bürgermeister, Hrn. Professor Daumer und den Gefangenenwärter Hiltel, war unbedingt und ohne Schranken. „Der Hr. Bürgermeister, der Hr. Professor hat es gesagt", war für ihn der letzte, jedes weitere Fragen und Überlegen ausschließende Grund für sein Handeln oder Unterlassen. Als ich ihn fragte: warum er denn glaube, so pünktlichen Gehorsam leisten zu müssen? gab er zur Antwort: „Der Mann, bei dem ich immer gewesen, hat mich gelehrt, daß ich tun müsse, was man mir heißt."

Allein diese Unterwerfung unter fremde Autorität bezog sich bei ihm bloß auf Tun oder Nichttun, und hatte mit seinem Wissen, Glauben und Meinen nichts zu schaffen. Um etwas als gewiß und wahr anzunehmen, dazu bedurfte es für ihn der eigenen Überzeugung, und zwar entweder durch sinnliche Anschauung oder durch irgendeinen, seinen Fassungskräften und seinem fast noch ganz leeren Kopf anpassenden, für ihn schlagenden Grund. Wo man seinem Verstand weder auf diese noch jene Weise beikommen konnte, widersprach er zwar nicht, ließ aber einstweilen die Sache dahingestellt, bis er, wie er zu sagen pflegte, mehr gelernt habe. Ich sprach zu ihm, unter anderen, von dem bevorstehenden Winter und sagte: dann werde er oft die Dächer der Häuser und alle Straßen der Stadt ganz weiß sehen, so weiß wie die Wände seines Zimmerchens. Er meinte: dies müsse dann recht schön sein; gab jedoch deutlich zu verstehen, daß er daran nicht eher glaube, als bis er es werde gesehen haben. Als im folgenden Winter der erste Schnee gefallen war, bezeigte er große Freude, daß jetzt die Straßen, die Dächer, die Bäume so gut „angestrichen" seien, und ging schnell in den Hof, um sich von der „weißen Farbe" zu holen, kam aber alsbald weinend und plärrend mit weit auseinandergespreizten Fingern zu seinem Lehrer wieder hinauf, indem er schrie: die weiße Farbe habe ihn in die Hände „gebissen."

Höchst auffallend und ganz unerklärbar bei diesem Menschen war die bis zur Pedanterie getriebene Liebe zur Ordnung und Reinlichkeit. Von den vielen hundert Dingen seines kleinen Haushalts hatte ein jedes seinen bestimmten Platz, wurde gehörig zusammengepackt, sorgfältig auseinandergelegt, symmetrisch geordnet usw. Unreinlichkeit oder was er dafür hielt, war ihm, an ihm selbst wie an anderen, ein Abscheu. Er bemerkte fast jedes Stäubchen auf unseren Kleidern und als er auf meiner Halskrause einige Körner Schnupftabak sah, machte er mich darauf mit Unwillen aufmerksam, mir hastig andeutend, daß ich diese garstigen Dinge wegwischen möge.

Die merkwürdigste Erfahrung, die aber erst einige Jahre später für mich ihre vollständige Bedeutung erlangte, verschaffte ich mir durch folgende Probe, auf welche ich dadurch geleitet wurde, daß mir, nach einer sehr naheliegenden Ideenverbindung, bei dem aus dunklem Kerker, erst im Jünglingsalter, zum Tageslicht hervorgekommenen Kaspar, der berühmte Blinde des Cheselden einfiel, welcher wenige Wochen nach seiner Geburt erblindet, erst im Jünglingsalter, nach glücklich vollbrachter Star-Operation, wieder sehend geworden war. Ich befahl Kaspar, nach dem Fenster zu sehen, deutete auf die große, weite Aussicht in die schöne, im Schmuck des Sommers prangende Landschaft, und fragte ihn: ob das nicht schön sei, was er da draußen sehe? Er gehorchte, fuhr aber sogleich mit sichtbarem Abscheu wieder zurück, indem er ausrief: „Garstig! Garstig!" dann auf die weiße Wand seines Zimmerchens deutete und sagte: „Da nicht garstig!" Auf meine weitere Frage: warum dort garstig? erfolgte nichts weiter, als: „Garstig, Garstig!" und so blieb mir denn vor der Hand nichts übrig als mir diesen Umstand wohl zu merken, und die weitere Aufklärung von der Zeit zu erwarten, wo Kaspar sich besser werde verständlich machen können. Denn daß sein Wegwenden von jener Gegend nicht bloß aus dem empfindlichen Eindruck des Lichts auf seine Sehnerven zu erklären sei, glaubte ich deutlich wahrzunehmen. Seine Mienen drückten diesmal nicht gerade Schmerz, sondern vielmehr Abscheu und Grauen aus. Auch stand er in einiger Entfernung vom Fenster seitwärts, so daß er zwar die Gegend sehen, aber vom geradeeinfallenden Lichtstrahl nicht getroffen werden konnte. Als nun Kaspar im Jahre 1831 einige Wochen lang bei mir als Hausgenosse war, wo ich fortwährend Gelegenheit hatte, ihn aufs genaueste zu beobachten, und meine früheren Beobachtungen zu vervollständigen oder zu berichtigen, kam unter anderen auch das Obige an die Reihe. Ich fragte ihn: ob er sich noch meines Besuchs bei ihm auf dem Turm und dann besonders des Umstandes erinnere, daß ich ihn gefragt: wie ihm die Gegend da draußen (vor dem Fenster) gefalle? Er habe sich damals mit Abscheu von diesem Anblick weggewendet und immer ausgerufen: garstig, garstig! Warum habe er das getan? Was sei ihm denn da vorgekommen? – „Ja freilich", antwortete er mir, „war das sehr garstig, was ich damals sah. Wenn ich nach dem Fenster blickte, sah es mir immer so aus, als wenn ein Laden ganz nahe vor meinen Augen aufgerichtet sei, und auf diesem Laden habe ein Tüncher seine verschiedenen Pinsel mit weiß, blau, grün, gelb, rot, alles bunt durcheinander, ausgespritzt. Einzelne Dinge darauf, wie ich jetzt die Dinge sehe, konnte ich nicht erkennen und unterscheiden. Das war denn gar abscheulich anzusehen; dabei war es mir ängstlich zu Mut, weil ich glaubte, man habe mir das Fenster mit dem buntschäckigen Laden verschlossen, damit ich nicht ins Freie sehen könne. Daß das, was ich so gesehen, Felder, Berge, Häuser gewesen, daß manches Ding, das mir damals größer vorkam als ein anderes, viel kleiner sei als dieses, manches große viel kleiner als wie ich es sah, davon habe ich mich erst später auf meinen Spaziergängen ins Freie überzeugt; endlich habe ich dann nichts mehr von dem Laden gesehen." Auf weitere Befragung bemerkte er: „Anfangs habe er nicht unterscheiden können, was wirklich rund, dreieckig, oder nur rund, dreieckig gemalt gewesen. Die Pferde und Männer auf seinen Bilderbögen seien ihm gerade so vorgekommen, wie seine in Holz geschnitzten Pferde und Menschen; jene so rund wie diese, oder diese so flach wie jene. Doch habe er beim Ein- und Auspacken seiner Sachen bald einen Unterschied gefühlt; dann sei er erst selten, endlich gar nicht mehr in den Fall gekommen, solche Verwechslung zu machen."

Hier haben wir denn nun in Kaspar leibhaft den sehend gewordenen, von Kindheit an Blinden des Cheselden wieder. Hören wir, was Voltaire[30] (und Diderot[31], der hier mit Voltaire für Eine Person gilt) von diesem Blinden erzählen.[32]

„Der junge Mann, dem der geschickte Chirurg Cheselden den Star genommen, wußte lange Zeit weder Größen, noch Entfernungen, noch Lagen, noch sogar Figuren zu unterscheiden. Ein nur einen Zoll großer Gegenstand, den man vor sein Auge hielt und der ihm ein Haus verdeckte, erschien ihm so groß, wie das Haus. Alle Gegenstände hatte er auf seinem Auge; sie schienen ihm auf diesem Organ selbst zu haften, wie die Gegenstände des Gefühls auf der Haut. Er konnte (mit dem Gesicht) dasjenige, was er mit Hilfe seiner Hände für rund gehalten hatte, von demjenigen nicht unterscheiden, was er als eckig

---

[30] In dessen *Philosophie de Newton* (*Oevres complètes*. Gotha 1786. T. XXXI, p. 118 sq.)

[31] *Lettre sur les aveugles à l'usage de ceux qui voyent* (Londres 1749) p. 159-164. Diderot hat übrigens die Erzählung Voltaires von Wort zu Wort abgeschrieben.

[32] Das Werk des Cheselden selbst konnte ich mir nicht beschaffen. Ich benutze übrigens diese Gelegenheit, um Hrn. Bibliothekar v. Falkenstein für die, während meines Aufenthalts zu Dresden, auch bezüglich dieses Gegenstandes, bewiesenen Gefälligkeiten öffentlich meinen Dank zu sagen.

gefühlt hatte, noch unterscheiden, ob das was er als oben oder unten (mit dem Gefühl) wahrgenommen hatte, in der Tat oben oder unten sei. Es gelang ihm endlich, aber mit Mühe, die sinnliche Überzeugung zu gewinnen, daß sein Haus größer sei als sein Zimmer; doch niemals begriff er, wie das Auge ihm diese Vorstellung geben könne. Er bedurfte einer großen Menge von Erfahrungen, um sich zu überzeugen, daß die Malerei feste Körper vorstelle; und als er, durch öfteres Betrachten von Gemälden die Meinung gefaßt hatte, daß das nicht bloß Flächen seien, die er sehe, so befühlte er sie mit der Hand, und war dann sehr erstaunt, als er nur einer ebenen Fläche, ohne alle Erhabenheit begegnete; dann fragte er: welcher von beiden Sinnen ihn betrüge, das Gefühl oder das Gesicht? Übrigens machten Gemälde auf Wilde, die solche zum erstenmal zu sehen bekamen, denselben Eindruck; sie nahmen die gemalten Figuren für lebende Menschen, stellten Fragen an sie, und waren ganz erstaunt, daß sie ihnen keine Antwort gaben: ein Irrtum, an welchem allzu geringe Übung ihrer Sehkraft gewiß am allerwenigsten Schuld hatte."

Auch Kinder, in den ersten Wochen und Monaten nach ihrer Geburt, sehen alles gleich nahe, greifen nach dem glänzenden Knopf des fernen Kirchturms, wissen das wirklich Große und Kleine von dem scheinbar Kleinen und Großen, gemalte von wirklichen Dingen nicht zu unterscheiden, weil – bei Gegenständen des Gesichts und des Gefühls beide Sinne einander gegenseitig zu Hilfe kommen müssen, wenn das betastete oder mit dem Auge gefaßte Ding für das, was es wirklich ist, erkannt werden soll. Es beruht diese Erfahrung auf dem Elementargesetz alles Sehens, worüber sich der große Engländer Berkeley folgendermaßen ausdrückt: „Es ist, wie ich glaube, allgemein zugestanden, daß Entfernung, für sich allein und unmittelbar durch das Gericht nicht wahrgenommen werden kann. Denn da die Entfernung eine Linie ist, welche gerade zum Auge geht, so wirft sie bloß einen Punkt in den Grund des Auges. Dieser Punkt bleibt unveränderlich derselbe, die Entfernung sei länger oder kürzer. Auch ist es anerkannt, daß, wenn wir die Größe des Abstandes beträchtlich entfernter Gegenstände voneinander schätzen, dieses mehr ein Akt eines auf Erfahrung gegründeten Urteils, als des bloßen Sinnes ist. Zum Beispiel: ich sehe eine große Menge von Gegenständen, Häuser, Feld, Flüsse und dergleichen hintereinander liegen, von welchen ich die Erfahrung habe, daß sie einen beträchtlichen Raum einnehmen, so schließe ich daraus, daß der Gegenstand, den ich hinter diesem anderen sehe, in einer großen Entfernung steht. Hingegen wenn mir ein Gegenstand matt und klein erscheint, den ich einmal in der Nähe lebhaft und groß gesehen habe, so urteile ich sogleich, daß er fern ist. Dieses ist nun offenbar Ergebnis der Erfahrung, ohne welche ich, aus der Mattheit und Kleinheit, nichts über die Entfernung der Gegenstände hätte urteilen können."

Die Anwendung dieses optischen Gesetzes und jener Erfahrungen auf die Sinnentäuschung Kaspars, macht sich ganz von selbst. Da Kaspar noch nicht weitergegangen war, als vom Turm zum Hrn. Bürgermeister und allenfalls noch durch eine oder die andere Straße; da er, infolge seiner reizbaren Augen, wie aus Furcht zu fallen, im Gehen stets auf seine Füße sah, und aus Lichtscheu immer vermied, in das offene Lichtmeer hinauszublicken: so hatte er lange Zeit keine Gelegenheit, über die Perspektive und die Entfernung der Gegenstände Erfahrung zu machen. Alle die mancherlei Dinge der weiten Gegend, samt einem ziemlich schmalen Streifen des blauen Himmels, die den Raum des Fensters, von dem unteren Teil des Rahmens bis oben hinauf, ausfüllten, mußten ihm daher als gleich nahe, neben- und übereinanderliegende gestaltlose Erscheinungen, mithin das Ganze als eine das Fenster bedeckende, aufrechtstehende Tafel erscheinen, auf welcher die, für ihn nicht unterscheidbaren, kleineren und größeren, verschiedengefärbten Gegenstände nur wie unförmliche bunte Klekse sich ausnehmen konnten.

VI.

Brachte der fast ununterbrochene Umgang mit den vielen, die sich den ganzen Tag über zu Kaspar hindrängten, den nicht zu verkennenden Gewinn, daß er auf kurzem Weg mit vielerlei Dingen und Worten bekannt wurde, und bald im Verstehen und Sprechen verhältnismäßig Fortschritte machte: so war doch offenbar das Allerlei von Menschen, deren Massen Kaspar Hauser preisgegeben war, nicht wohl geeignet, eine naturgemäße Entwicklung dieses verwahrlosten Jünglings zu fördern. Wohl mochte keine Stunde des Tags vergehen, die ihm nicht von dieser oder jener Seite her etwas Neues zugeführt hätte. Was ihm aber auf diese Weise zukam, konnte doch nicht zum kleinsten Ganzen sich gestalten; alles zusammengenommen häufte sich nur als ein ungeordnetes, zerstreutes, buntes Allerlei von Hundert und Tausend Halb- und Viertelsvorstellungen und Gedankenbruchstücken auf- und nebeneinander. Wurde so die leere Tafel seiner Seele bald genug beschrieben, so wurde sie doch auch zugleich nur zu bald mit, zum Teil sogar nichtswürdigen, Dingen überfüllt, entstellt und verwirrt. Der ungewohnte Eindruck des Lichts und der freien Luft; das befremdende, meistens auch schmerzerregende Mancherlei, welches unaufhörlich, zu gleicher Zeit, auf alle seine Sinne einströmte; die Kraftanstrengung, womit seine wissensdurstige Seele sich aus sich selbst gleichsam herauszuarbeiten strebte, alles Neue, was sich ihr bot, – alles aber war ihr neu – zu erfassen, zu umklammern und heißhungrig gleichsam in sich hineinzuschlingen sich abarbeitete: dieses alles war mehr als ein schwächlicher Körper und ein zartes, beständig gereiztes und überreiztes Nervensystem ertragen konnte. Ich brachte von meinem Besuch bei Kaspar am 11. Juli die Überzeugung mit mir zurück, welche ich auch am gehörigen Ort geltend zu machen suchte, daß Kaspar Hauser entweder an einem Nervenfieber sterben, oder in Wahnsinn oder Blödsinn untergehen müsse, wenn nicht bald seine Lage geändert werde. Nach wenigen Tagen gingen meine Besorgnisse zum großen Teil in Erfüllung. Kaspar wurde krank, wenigstens so kränklich, daß eine gefährliche Krankheit zu befürchten stand. Sein Arzt, Dr. Osterhausen, äußert sich in seinem deshalb dem Stadtmagistrat erstatteten berichtlichen Gutachten über Hausers damaligen Gesundheitszustand, wie folgt:

„Die mannigfaltigen Eindrücke, welche den, bisher in einem Kerker lebendig begrabenen, von aller Welt abgeschiedenen, sich selbst überlassenen Kaspar Hauser ringsum bestürmten, als er mit einem Male in die Welt und unter die Menschen hineingeworfen wurde, und welche nicht einzeln, sondern in Masse auf ihn einwirkten, die verschiedenartigsten Eindrücke der freien Luft, des Lichts, der ihn umgebenden Gegenstände, die ihm alle neu waren, dann das Erwachen seines geistigen Ichs, seine aufgeregte Lern- und Wißbegierde, seine veränderte Lebensweise usw., alle diese Eindrücke mußten ihn notwendig gewaltsam erschüttern und endlich, zumal bei seinem so sehr empfindlichen Nervensystem, seiner Gesundheit nachteilig werden. – Ich fand ihn, als ich ihn wieder sah, ganz verändert. Er war traurig, sehr niedergeschlagen und ermattet. Die Reizbarkeit seiner Nerven war krankhaft erhöht. Seine Gesichtsmuskeln zuckten beständig. Seine Hände zitterten so sehr, daß er kaum etwas halten konnte. Seine Augen waren entzündet, konnten das Licht nicht vertragen und schmerzten ihn bedeutend, wenn er lesen oder einen Gegenstand aufmerksam betrachten wollte. Sein Gehör war so empfindlich, daß schon jedes laute Sprechen ihm heftige Schmerzen verursachte und er daher die Musik, die er so leidenschaftlich liebte, nicht mehr hören konnte. Er hatte Mangel an Eßlust, mangelhaften, erschwerten Stuhlgang, klagte über Beschwerden im Unterleib und fühlte sich durchaus unbehaglich. – Ich war nicht wenig wegen seines Zustandes besorgt, da es nicht möglich war, ihm mit Arzneien beizukommen; teils weil er einen unbezwingbaren Abscheu vor allem, Wasser und Brot ausgenommen, hatte, teils weil, wenn er auch welche hätte nehmen können, zu befürchten war, es möchte selbst das indifferenteste Mittel zu heftig auf seine so sehr gereizten Nerven einwirken usw."

Kaspar Hauser wurde am 18. Juli aus seiner Wohnung auf dem Turm erlöst und dem an Geist und Herz gleich vorzüglichen Gymnasialprofessor, Herrn Daumer, der sich bisher schon der Unterweisung und Bildung dieses Menschen väterlich angenommen hatte, zur Erziehung und häuslichen Pflege übergeben. Er fand in der Familie dieses Mannes – einer würdigen Mutter und der Schwester seines Erziehers – gewissermaßen den Ersatz für diejenigen Wesen, die ihm die Natur gegeben und Menschenbosheit genommen hatte.

Auf den großen Andrang der Neugierigen, denen Kaspar Hauser bisher im Turm preisgegeben war, mag man aus dem einzigen Umstand den Schluß ziehen, daß der Magistrat zu Nürnberg, sobald Kaspar dem Professor Daumer übergeben war, sich veranlaßt sah, am 19. Juli in öffentlichen Blättern folgendes Publicandum zu erlassen:

„Vom Magistrat der Stadt Nürnberg ist der heimatlose Kaspar Hauser zur gehörigen Entwicklung seiner körperlichen und geistigen Kräfte einem besonderen, hierzu geeigneten Lehrer übergeben worden. Damit aber beide hierin keine Störung erleiden, und dem Kaspar Hauser die ihm in jeder Beziehung höchst nötige Ruhe zuteil und erhalten werde, ist der Erzieher angewiesen worden, keine Besuche bei Hauser mehr zuzulassen, und das gesamte

Publikum wird daher hiermit ebenfalls angewiesen, sich derselben gänzlich zu enthalten, und sich dadurch der Wegweisung zu überheben, welche im Falle der Zudringlichkeit mit polizeilicher Hilfe erfolgen müßte"[33]

Kaspar Hauser bekam zuerst bei Professor Daumer, statt seines Strohlagers auf dem Turm, zur Schlafstätte ein ordentliches Bett, was ihm ganz außerordentlich behagte. Öfters äußerte er: das Bett sei das einzige Angenehme, das ihm noch auf dieser Welt vorgekommen; alles übrige sei gar schlecht. – Erst seit er in einem Bett schlief, hatte er Träume, die er aber anfangs nicht für Träume erkannte, sondern beim Erwachen seinem Lehrer als wirkliche Begegnisse erzählte, indem er zwischen Wachen und Träumen erst später einen Unterschied zu machen lernte.[34]

---

[33] Diese Bekanntmachung hatte gleichwohl nicht die gewünschte, vollständige Wirkung. Wie nicht leicht ein Fremder nach Nürnberg kommt, ohne sich das Sebaldusgrab, die Glasmalereien der Lorenzkirche, das Gänsemännchen usw. zeigen zu lassen, so glaubte jetzt niemand Nürnberg recht gesehen zu haben, wenn er nicht auch das geheimnisvolle Adoptivkind dieser Stadt, in Augenschein genommen habe. – Seit Kaspars Aufenthalt zu Nürnberg bis jetzt, wo ich dieses schreibe, haben viele hundert Personen fast aller europäischen Nationen von allen Ständen, Gelehrte, Künstler, Staatsmänner, Beamte aller Gattungen, hohe und höchste Personen, ihn gesehen und gesprochen.
[34] Der Psychologe, besonders unser geistreicher Schubert, wird diese Umstände nicht unbeachtet lassen und in ihnen ein frappantes Zeugnis für Kaspars damaligen Seelenzustand erkennen.

Eine der schwersten Aufgaben war es, ihn an ordentliche Kost zu gewöhnen, was nur langsam und mit vieler Mühe und Vorsicht gelang.[35] Am frühesten verstand er sich zur Wassersuppe, die ihm täglich mehr behagte, weshalb er meinte, sie werde täglich besser zubereitet, und zuweilen fragte: warum man sie ihm denn nicht gleich anfangs so gut gemacht habe? Auch Mehlspeisen, Hülsenfrüchte und was sonst mit dem Brot Ähnlichkeit hat, sagte ihm zu. Indem man ihm erst einzelne Tropfen Fleischbrühe unter seine Wassersuppe mischte, dann wenige, stark ausgekochte Fleischfasern ihn zu seinem Brot essen ließ, und diese Gaben mit Vorsicht nach und nach steigerte, gewöhnte man ihn allmählich an Fleischspeisen. Prof. Daumer macht in seinen über Kaspar Hauser gesammelten Notizen die Bemerkung: „nachdem dieser zuletzt ordentlich Fleisch essen gelernt, habe sich seine geistige Regsamkeit vermindert, die Augen hätten ihren Glanz und Ausdruck eingebüßt, sein lebendiger Trieb nach Tätigkeit habe nachgelassen, und das Intensive seines Wesens sei in Zerstreuungssucht und Gleichgültigkeit übergegangen; auch habe seine Fassungskraft bedeutend abgenommen." Ob dieses gerade Folge der Fleischspeisen, oder nicht

---

[35] Ehe er warme Speisen vertragen konnte, hatte er beständig Durst und trank täglich 10 bis 12 Maß kalten Wassers. Aber auch noch jetzt ist er ein gewaltiger Wassertrinker, so daß unser berühmter Wasserdoktor, Prof. Oertel, ihn einem jeden zum Muster vorstellen könnte.

vielmehr Folge der nun in Abstumpfung überge-
henden schmerzhaften Überreizung gewesen, bleibt
wohl mit Recht unentschieden. Mit mehr Zuver-
lässigkeit ist hingegen anzunehmen, daß der Genuß
warmer Kost und einiger Fleischspeisen auf sein
Wachstum bedeutenden Einfluß haben mußte; im
Daumer'schen Haus wurde er in wenigen Wochen um
mehr als zwei Zolle größer.

Da seine entzündeten Augen und sein mit jeder
Anstrengung des Gesichts verbundenes Kopfweh ihm
das Lesen, Schreiben, Zeichnen, unmöglich machten,
beschäftigte ihn Hr. Daumer mit Papparbeiten, worin
er sehr bald nicht geringe Geschicklichkeit erlangte;
auch lehrte er ihn das Schachspiel, das er ebenfalls
bald erlernte, und mit Vergnügen übte. Außerdem
beschäftigte man ihn mit leichten Gartenarbeiten und
machte ihn mit den verschiedenen Erzeugnissen,
Erscheinungen und Kräften der Natur bekannt, wo
dann kein Tag verging, der ihn nicht unzählig Neues
gelehrt oder ihm Gegenstände des Befremdens, der
Bewunderung, des Erstaunens zugeführt hätte.

Nicht geringe Mühe und häufige Zurechtweisungen
kostete es, ihm den Unterschied zwischen dem Organischen und Unorganischen, dem Lebenden und
Toten, so wie zwischen freiwilliger und von außen
mitgeteilter Bewegung begreiflich und geläufig zu
machen. Vieles was eine Menschen- oder Tiergestalt
hatte, mochte es aus Stein gehauen, aus Holz ge-
schnitzt oder gemalt sein, hielt er noch immer für

beseelt und mit allen den Eigenschaften begabt, die er an sich selbst oder anderen beseelten Wesen wahrnahm. Bei den an den Häusern der Stadt gemalten oder ausgehauenen Pferden, Einhörnern, Straußen etc. kam es ihm sehr verwunderlich vor, daß sie immer an einer Stelle blieben, und nicht davonliefen. – Gegen eine Statue in dem Hausgarten äußerte er seinen Unwillen, daß sie so schmutzig aussehe und sich doch nicht wasche. – Als er zum erstenmal das große Kruzifix des Veit Stoß an der Außenseite der Sebalduskirche sah, erregte ihm dieser Anblick Entsetzen und Jammer; er bat flehentlich, man möge den gequälten Menschen da droben herunternehmen, und wollte sich lange nicht zufrieden geben, obgleich man ihm zu erklären versucht hatte, daß dieses kein wirklicher Mensch, sondern nur ein Bild sei und nichts empfinde. – Jede Bewegung, die er an was immer für einem Gegenstand wahrnahm, hielt er für freiwillig und das Ding, woran sie sich äußerte, für belebt.

Ein Blatt Papier, das der Wind herabwehte, war vom Tisch hinweggelaufen; ein von einer Anhöhe herabrollendes Kinderwägelchen, machte sich das Vergnügen, sich selbst von der Höhe herabzufahren. Der Baum bekundete ihm Leben, indem er seine Zweige und Blätter bewegte, und sprach, wenn der Wind durch seine Blätter rauschte. – Einem Knaben, der mit einem Stecken auf den Stamm eines Baumes schlug, bezeigte er seinen Unwillen darüber, daß er dem Baum so wehtue. – Die Kugeln einer Kegelbahn liefen, nach seinen Äußerungen zu schließen, freiwillig, taten anderen Kugeln weh, und waren, wenn sie endlich stillstanden, vom Laufe müde. Prof. Daumer bemühte sich eine Weile vergebens, ihm die Überzeugung beizubringen, daß eine Kugel sich nicht freiwillig bewege. Es gelang ihm dieses erst dadurch, daß er Kaspar selbst aus seinem Brot eine Kugel formen, und ihn dieselbe dann vor sich herrollen ließ. – Daß ein Brummkreisel, den er schon eine Weile hatte tanzen lassen, nicht freiwillig sich bewege, wurde ihm erst klar, als ihm, vom öfteren Aufziehen der Schnur, der Arm wehtat und er sich dadurch seiner eigenen Kraft, die er bei jener Kreiselbewegung verwendet hatte, fühlbar bewußt wurde.

Vollends den Tieren legte er längere Zeit dieselben Eigenschaften, wie den Menschen bei und schien sie von diesen nur durch ihre Gestalt zu unterscheiden. Er ärgerte sich darüber, daß die Katze bloß mit dem Mund esse, ohne dabei ihre Hände zu gebrauchen. Er wollte sie dann das Essen mit den Pfoten lehren, versuchte sie aufrecht gehen zu machen, sprach mit ihr wie mit seinesgleichen und bezeigte Unwillen, daß sie gar nicht darauf achte und nichts lernen wolle. Dagegen lobte er gar sehr die Folgsamkeit eines Hundes. – Als er eine graue Katze sah, fragte er, warum sie sich nicht wasche, damit sie weiß werde. – Da er Ochsen auf dem Straßenpflaster gelagert sah, verwunderte er sich, daß sie nicht nach Hause gingen und sich da niederlegten. – Ganz zuwider war es ihm, daß die Pferde, Ochsen usw. die Straße verunreinigten, und nicht, wie er, auf den Abtritt gingen. Sagte man ihm, bei diesem oder jenem was er von den Tieren verlangte, sie könnten dieses nicht, so war er gleich mit der Antwort bei der Hand: sie möchten es dann nur lernen; er habe ja auch schon vieles gelernt, und müsse noch immer vieles lernen.

Vom Entstehen und Wachsen des Organischen in der Natur hatte er anfangs noch weniger eine Vorstellung. Er äußerte sich immer so, als wären alle Bäume in den Boden hineingesteckt, alle Blätter, Blumen und Blüten von Menschenhänden gemacht und daran gehängt. Den ersten Stoff zu einer Vorstellung vom Entstehen der Pflanzen gewann er, nachdem er, auf Geheiß seines Lehrers, mit eigener Hand einige Bohnen in einen Blumentopf gesteckt hatte, und er diese nun, gleichsam unter seinen Augen, keimen und Blätter treiben gesehen hatte. – Überhaupt pflegte er fast bei jedem, ihm neuen und auffallenden Naturgegenstand zu fragen: wer dieses Ding gemacht habe?

Für die Schönheiten der Natur hatte er fast gar keinen Sinn. Die Natur schien ihn nur in so weit anzusprechen, als sie seine Neugier beschäftigte und ihm zu der Frage Anlaß gab: wer dieses oder jenes Ding gemacht habe? – Als er zum erstenmal einen Regenbogen sah, bezeigte er zwar daran in den ersten Augenblicken sein Wohlgefallen, wendete sich aber doch kurz darauf wieder von diesem Anblick ab, indem die Frage: wer dieses Ding gemacht habe? ihm weit mehr, als die Herrlichkeit der Erscheinung selbst am Herzen lag.

Ein Anblick machte jedoch hiervon eine merkwürdige Ausnahme und wurde ein großes ihm unvergeßliches Ereignis seines mehr und mehr sich entfaltenden geistigen Lebens. Es war im Monat August (1829), als ihm an einem schönen heitern Sommerabend sein Lehrer zum erstenmal den gestirnten Himmel zeigte. Sein Erstaunen und Entzücken überstieg jede mögliche Schilderung. Er konnte sich nicht satt daran sehen, kehrte immer wieder zu diesem Anblick zurück, faßte dabei die verschiedenen Sterngruppen richtig ins Auge, und bemerkte die ausgezeichneten hellen Sterne mit ihren verschiedenen Farben. „Das", rief er aus, „das ist aber doch das Schönste, was ich noch auf der Welt gesehen habe. Wer aber hat die vielen schönen Lichter da hinaufgestellt? Wer zündet sie an? Wer löscht sie wieder aus?" Als man ihm sagte, daß sie, wie die Sonne, die er schon kenne, immer fortleuchteten, aber nicht immer gesehen würden, fragte er von neuem: wer sie denn da oben hinaufgesetzt habe, daß sie immer fortbrennten? Endlich verfiel er, indem er, gesenkten Kopfes, unbeweglich, mit starren Augen dastand, in tiefes ernstes Nachdenken. Als er wieder zu sich kam, war sein Entzücken in Schwermut übergegangen. Er ließ sich zitternd auf einen Stuhl nieder und fragte: warum jener böse Mann ihn doch nur immer eingesperrt gehalten und von allen diesen schönen Sachen ihm gar nichts gezeigt habe? Er (Kaspar) habe doch nichts böses getan. Er brach hierauf in ein langes, schwer zu stillendes Weinen aus, und sagte: man möge nun auch einmal den Mann, bei dem er immer gewesen, auf ein paar Tage einsperren, damit er wisse, wie hart dieses sei. Vor diesem großen Himmelsschauspiel hatte Kaspar noch nie Unwillen gegen jenen Mann geäußert, noch weniger von einer Bestrafung desselben etwas wissen wollen. Nur die Müdigkeit und der Schlummer vermochten seine Empfindungen zur Ruhe zu bringen; er schlief – was vorher noch nie geschehen war – erst gegen 11 Uhr ein.

Überhaupt begann er erst in Daumers Familie, wie es schien, über sein Schicksal nachzudenken und was dieses ihm vorenthalten und genommen, mehr und mehr zu erkennen und schmerzlich zu empfinden. Erst hier wurde ihm die Vorstellung von Familie, von Verwandtschaft und Freundschaft, von dem menschlichen Verhältnis zwischen Eltern, Kindern und Geschwistern nahegebracht; erst hier erhielten die Namen: Mutter, Schwester, Bruder, für ihn eine Bedeutung, indem er sah, wie Mutter, Schwester, Bruder, durch gegenseitige Liebe verbunden, füreinander sorgten und sich wechselseitig zu Gefallen lebten. Er wollte erklärt haben: was denn eigentlich Mutter sei? Was Bruder? Was Schwester? Man suchte ihn so gut als möglich durch eine schickliche Antwort zu befriedigen. Bald darauf fand man ihn auf seinem Stuhl sitzend mit Tränen in den Augen, und wie es schien, in tiefe Betrachtungen versunken. Als er gefragt wurde: was er denn wieder habe? antwortete er weinend: „er habe darüber nachgedacht, warum denn er nicht auch eine Mutter, einen Bruder und eine Schwester habe? Denn dies sei doch gar zu schön."

Da seine hohe Reizbarkeit zu dieser Zeit das Ausruhen von jeder geistigen Anstrengung gebot, und vor allem die Kräfte seines schwächlichen Körpers der Übung und Stärkung bedurften; so schien, nebst anderen körperlichen Beschäftigungen, besonders auch das Reiten seiner Gesundheit förderlich werden zu können, zumal er hierzu besondere Lust bezeigte. Wie früher die hölzernen Rosse, waren schon längst die lebenden seine Lieblinge geworden. Unter allen Tieren war ihm das Pferd das schönste Geschöpf, und wenn er einen Reiter sein Roß tummeln sah, quoll seine Brust von dem Wunsch über: wenn er doch auch einmal so ein Roß unter sich haben könnte! Der Stallmeister zu Nürnberg, Herr von Rumpler, hatte bald die Gefälligkeit, diese Sehnsucht zu stillen; er nahm unseren Kaspar unter seine Schüler auf. Kaspar, mit der gespanntesten Aufmerksamkeit alles beobachtend, was ihm und anderen Scholaren von dem Lehrer gezeigt und vorgemacht wurde, hatte sich schon in der ersten Stunde die Hauptregeln und Elemente der Reitkunst nicht bloß gemerkt, sondern auch, nach den ersten Versuchen, sogleich angeeignet; und in wenigen Tagen war er bereits so weit, daß Scholaren, junge und alte, die schon mehrere Monate lang Unterricht genossen hatten, in ihm ihren Meister erkennen mußten. Seine Haltung, sein Mut, die richtige Führung des Pferdes, setzten jedermann in Erstaunen, und er traute sich zu, was, außer ihm und seinem Lehrer, niemand zu unternehmen wagte. Als einst der Stallmeister auf der Reitbahn ein eigenwilliges türkisches[36] Roß umhergetummelt hatte, schreckte ihn dieser Anblick so wenig, daß er dieses Pferd sich selbst zum Reiten ausbat. – Nachdem er sich einige Zeitlang geübt hatte, wurde ihm die Reitschule zu eng; er verlangte mit seinem Roß ins Freie und hier bewies er dann, nebst Geschicklichkeit, eine so unermüdliche Ausdauer, Härte und Zähigkeit des Körpers, daß es ihm die Geübtesten hierin kaum gleichtun konnten. Am liebsten hatte er mutige und harttrabende Pferde. Er ritt oft viele Stunden lang ununterbrochen, ohne müde zu werden, ohne sich wundzureiten, oder nur in den Schenkeln oder im Gesäß Schmerzen zu empfinden. An einem Nachmittag ritt er, fast beständig in vollem Trab, von Nürnberg auf die sogenannte alte Feste und von da wieder zurück; und dieser Schwächling, der um dieselbe Zeit von einigen Gängen in der Stadt so

---

[36] Anmerk. d. Hrsg.: Diese Stelle stammte aus Prof. Daumers Notizen und wurde wohl durch einen Schreibfehler entstellt. Es heißt richtig: „tückisches Roß."

müde geworden war, daß er sich um ein paar Stunden früher als gewöhnlich erschöpft zu Bett legen mußte, kam von jenem gewaltigen Ritt wieder so frisch und kräftig nach Hause, als wenn er im Schritt nur von einem Tor der Stadt zum anderen geritten wäre. Er scherzte zuweilen über die Unempfindlichkeit seines Gesäßes, indem er sagte: „Wäre alles an mir so gut, wie mein Hinterteil, so stünde es sehr gut mit mir." Daß das vieljährige Sitzen auf hartem Boden an dieser Unempfindlichkeit seines Hinterteils den meisten Anteil habe, wie Professor Daumer vermutet, ist allerdings nicht unwahrscheinlich. Man könnte jedoch überdies, aus der Pferdelust Hausers und seiner gleichsam instinktmäßigen Reitergeschicklichkeit, den nicht ganz unhaltbaren Schluß ziehen: er möge von Geburt einer Reiternation angehören. Denn daß ursprünglich nur durch Kunst erworbene Fertigkeiten, mehrere Generationen hindurch fortgesetzt, zuletzt sich als habituelle Neigung und besonders ausgezeichnete Anlage fortpflanzen können, ist nicht unbekannt, wofür die Schwimmfertigkeit der Südseeinsulaner, die Scharfsichtigkeit der Jägernationen Amerikas usw. als Beispiele dienen. Wenn ein gewisser feinriechender Polizeimann[37] durch das auffallende Reitertalent Kaspars zu der Vermutung verleitet wurde: Kaspar sei vielleicht ein junger englischer Reiter, der seiner Bande entlaufen, um auf eigene Rechnung mit den gutmütigen Nürnbergern Komödie zu spielen, so wird

---

[37] Herr Merker zu Berlin.

nicht leicht jemand dem Erfinder die Ehre seiner Hypothese streitig machen wollen.

Was, nächst dem seltenen Reitertalent Hausers, während seines Aufenthalts bei Prof. Daumer, als Eigentümlichkeit sich besonders bemerklich machte, war die fast übernatürliche Beschaffenheit, Schärfe und Erhöhung aller seiner Sinne.

Was das Sehen betrifft, so gab es für ihn keine Dämmerung, keine Nacht, keine Finsternis. Man wurde hierauf zuerst aufmerksam, als man bemerkte, daß er bei Nacht überallhin mit der größten Sicherheit vorwärtsschreite, und daß er, so oft er an einen dunklen Ort ging, das ihm angebotene Licht ausschlug. Mit Verwunderung oder Lachen sah er öfters den Leuten zu, die an dunklen Orten z. B. nachts beim Eintritt in das Haus und beim Treppensteigen, durch Tappen und Anhalten sich zu helfen suchten. Im Dämmerlicht sah er sogar bei weitem besser als am hellen Tage. So las er, nach Untergang der Sonne, auf der Straße eine Hausnummer, die er bei Tage wenigstens in solcher Ferne nicht würde erkannt haben, auf ungefähr 180 Schritte weit. Bei tiefer Dämmerung machte er einst seinen Lehrer auf eine Mücke aufmerksam, die in einem sehr entfernten Spinnengewebe hing. In einer Entfernung von gewiß 60 Schritten unterschied er die Beeren der Trauben von den Holunderbeeren, und diese von Schwarzbeeren. Bei völliger Nacht unterschied er, nach sorgfältig mit ihm angestellten Versuchen, die Farben, selbst verschiedene dunkle Farben, wie die blaue und grüne. Wenn, bei einbrechender Dämmerung, ein gewöhnliches weitsichtiges Auge nur erst drei oder vier Sterne am Himmel sah, erkannte er bereits die Sterngruppen und wußte die einzelnen Sterne darin, nach ihrer Größe und eigentümlichem Farbenspiel zu unterscheiden. Vom Nürnberger Schloßzwinger aus zählte er eine Reihe Fenster des Schlosses Marloffstein, und von der Burg aus die Fensterreihe eines unterhalb der Festung Rothenberg liegenden

Hauses. Sein Auge war ebenso scharf in der Nähe, als weittragend in die Ferne. Bei Zergliederung von Blumen bemerkte er feine Unterschiede und zarte Teile, welche der Beobachtung anderer ganz entgangen waren.

Fast nicht minder scharf und weitreichend war sein Gehör. In einer verhältnismäßig sehr großen Entfernung, hörte er bei einem Spaziergang auf dem Feld die Tritte mehrerer Wanderer und unterschied diese Tritte nach ihrer Stärke. Einst hatte er Gelegenheit, die damalige Schärfe seines Gehörs mit dem noch feineren eines Blinden zu vergleichen, der jeden, auch noch so leisen Tritt eines Barfüßigen bemerkte. Bei dieser Gelegenheit äußerte er: früher sei sein Gehör ebenso scharf gewesen, habe aber, seitdem er Fleisch zu essen angefangen, bedeutend abgenommen, so daß er nicht mehr durchs Gehör so fein unterscheiden könne, wie dieser Blinde.

Unter allen Sinnen war es der Geruch, der sich ihm am zudringlichsten und peinlichsten erwies, und ihm vor allem anderen das Leben auf dieser Welt zur Qual machte. Was für uns geruchlos ist, war es nicht für ihn; die feinsten lieblichsten Gerüche der Blumen, z. B. der Rose, waren ihm Gestank oder affizierten schmerzlich seine Nerven. Was uns anderen allenfalls bloß in der Nähe durch den Geruch sich ankündigt, roch er in der weitesten Ferne. Mit Ausnahme des Geruchs von Brot, Fenchel, Anis, Kümmel, an die er sich, wie er versichert, schon in seinem Gefängnis gewöhnt hatte, – denn sein Brot war mit diesen Gewürzen bestreut – waren alle Arten von Gerüchen ihm mehr oder weniger widerlich. Als er einst gefragt wurde: welcher Geruch ihm der angenehmste sei? antwortete er: „Gar keiner." Seine Spaziergänge oder Spazierritte, da sie ihn bald an Blumengärten, bald an Tabaksfeldern, bald an Nußbäumen oder anderen, seinem Geruch empfindlichen, Pflanzen vorbeiführten, wurden ihm dadurch oft gar sehr verleidet, und er mußte dann seine Erholungen in freier Luft mit Kopfweh, Angstschweiß und Fieberanfällen bezahlen. Tabak, der auf dem Feld in der Blüte stand, roch er auf mehr als 50 Schritte; zum Trocknen aufgehängte Tabaksbündel – wie sie in den Dörfern um Nürnberg an den Häusern hängen – auf mehr als 100 Schritte. Äpfel- Birn- und Zwetschenbäume konnte er schon am Geruch ihrer Blätter aus der Ferne voneinander unterscheiden. Die verschiedenen Farbstoffe an den

Wänden, Gerätschaften, Kleidern usw., die Pigmente, mit denen er seine Bilder illuminierte, Tinte, Bleistift, womit er schrieb, alles was ihn umgab oder ihm nahte, hauchte ihm widerliche oder schmerzliche Gerüche entgegen. Wenn auf der Straße ein Schornsteinfeger mehrere Schritte vor ihm hinging, wendete er vor dem Geruch desselben schaudernd sein Gesicht ab. Auf den Geruch eines alten Käses wurde ihm unwohl und er mußte sich erbrechen. Als er einst Essig roch, der einen starken Schritt von ihm entfernt stand, wirkte dessen Schärfe so sehr auf seine Geruchs- und Augennerven, daß ihm das Wasser aus den Augen trat. Wenn Wein, in ziemlicher Entfernung von ihm, auf dem Tisch eingeschenkt stand, so klagte er über widrigen Geruch und über Hitze im Kopf. Mit einer geöffneten Champagnerflasche konnte man ihn zuverlässig vom Tisch jagen oder krankmachen. Was wir übelriechend nennen, schien ihn weit weniger unangenehm zu affizieren, als unsere Wohlgerüche. So sagte er z. B. er wolle weit lieber Katzenkot riechen, weil er ihm weniger im Kopf wehtue, als Pomade, und weit lieber jede Art Kot, als Kölnisches Wasser oder gewürzte Schokolade. Der Geruch von frischem Fleisch war ihm der schrecklichste von allen; sogar der Gestank von Katzenkot und der Geruch von Stockfischen war ihm erträglicher. Als Professor Daumer (im Herbst 1828) mit Kaspar dem Johanniskirchhof bei Nürnberg nahekam, wirkte der Totengeruch, von welchem Professor Daumer selbst nicht das mindeste spürte, so stark auf ihn, daß er sogleich zu frieren anfing und die Gebärden des Schauders machte. Der Frost ging bald nachher in Fieberhitze über, die zuletzt in einen heftigen Schweiß ausbrach, der sein Hemd durch und durch tränkte. Solche Hitze, sagte er später, habe er noch nie empfunden. Auf dem Rückweg in der Nähe des Stadttors wurde ihm wieder wohl; doch klagte er, daß es ihm vor seinen Augen dunkler geworden sei. Ähnliche Zufälle erlitt er, als er einmal (am 18. September 1828) lange neben einem Tabaksfeld herzugehen hatte.

Auf die besondere Beschaffenheit des Gefühlsvermögens Kaspars und dessen Empfänglichkeit, besonders für Metallreize, ward Prof. Daumer zuerst aufmerksam, als jener sich noch auf dem Turm befand. Hier machte ihm einst ein Fremder ein Geschenk mit einem Spielpferdchen und einer kleinen Magnetstange, womit jenes, welches vorn mit Eisen beschlagen war, im Wasser schwimmend herumgezogen werden konnte. Als Kaspar den Magnet, nach der Anweisung gebrauchen wollte, fühlte er sich von demselben sogleich auf das unangenehmste affiziert, verschloß dieses Spielzeug alsbald in das dazu gehörige Kästchen, und holte es nie wieder aus demselben hervor, um es – wie er mit seinen anderen Spielsachen zu tun pflegte – den Besuchenden zu zeigen. Späterhin über den Beweggrund seines Benehmens befragt, äußerte er: jenes Pferdchen habe ihm einen Schmerz verursacht, den er durch den ganzen Leib in allen

Gliedern gespürt habe. Nachdem er zu Prof. Daumer gezogen war, hielt er das Kästchen mit dem Magnet in einem Koffer verwahrt, aus welchem es einmal beim Aufräumen seiner Sachen zufällig wieder zum Vorschein kam. Professor Daumer, der sich der früheren Erscheinung erinnerte, kam jetzt auf den Gedanken, mit dem Magnet des Pferdchens an Kaspar einen Versuch zu machen. Kaspar spürte sogleich die auffallendsten Wirkungen. Hielt Prof. Daumer den Nordpol gegen ihn, so griff Kaspar in die Gegend der Herzgrube, und zog seine Weste auswärts, indem er sagte: so ziehe es ihn, es gehe wie ein Luftzug von ihm aus. Der Südpol wirkte weniger stark auf ihn und er sagte von ihm: es wehe ihn an. Prof. Daumer und Prof. Herrmann machten hierauf verschiedentlich ähnliche Versuche mit ihm, welche zugleich darauf berechnet waren, ihn irrezuführen; doch immer sagten ihm jene Empfindungen ganz richtig, und zwar bei bedeutender Ferne des Magnets, wann der Südpol oder der Nordpol oder auch keiner von beiden ihm zugewendet war. Lange durften solche Versuche nicht fortgesetzt werden, weil ihm bald der Schweiß auf die Stirn trat und er sich unwohl fühlte.

Über seine Empfindlichkeit gegen andere Metalle und dessen Gabe, sie durch das bloße Gefühl zu unterscheiden, hat Prof. Daumer sehr viele Tatsachen gesammelt, aus welchen ich jedoch nur einige heraushebe. Im Herbst 1828 kam er einst zufällig in ein mit Metall- besonders Messingwaren angefülltes Gewölbe. Kaum war er eingetreten, so eilte er unter Äußerungen heftigen Schauders, wieder auf die Straße hinaus, indem er sagte: da drinnen ziehe es ihn am ganzen Körper, von allen Seiten. – Ein ihn besuchender Fremder drückte ihm einmal ein kleines Goldstück, ungefähr von der Größe und Dicke eines Kreuzers in die Hand, ohne daß Kaspar es ansehen konnte; dieser aber sagte sogleich: er fühle Gold in seiner Hand. – Prof. Daumer legte einst in Kaspars Abwesenheit einen goldenen Ring, einen Zirkel von Stahl und Messing, nebst einer silbernen Reißfeder unter Papier, so daß es unmöglich war, zu bemerken, was darunter verborgen sei. Daumer befahl ihm, mit seinem Finger, jedoch ohne das Papier zu berühren, darüber hinzufahren; es geschah und an der Verschiedenheit und Stärke des Zugs, den die Metalle gegen seine Fingerspitzen ausübten, unterschied er richtig alle jene Gegenstände, nach ihrem Stoff, wie nach ihrer Form. – Einst führte Daumer, als gerade der Arzt Dr. Osterhausen und der königliche Kronfiskal Brunner aus München zugegen waren, den Kaspar, um ihn auf die Probe zu stellen, zu einem mit einer Wachsdecke überzogenen Tisch, auf welchem ein Bogen Papier lag, und forderte ihn auf, zu sagen, ob kein Metall darunterliege? Er fuhr mit dem Finger in einiger Entfernung darüber hin und sagte dann: „Da zieht es!" „Diesmal aber", erwiderte Daumer, „hast du dich denn doch getäuscht; denn siehe (indem er den Bogen Papier aufhob) es liegt nichts darunter."

Hauser zeigte sich anfangs betroffen, fühlte aber doch von neuem nach der Stelle hin, wo er den Zug gespürt haben wollte, und versicherte wiederholt: da fühle er einen Zug. Man hob nun die Wachsdecke auf, suchte genau nach, und es kam eine Nadel zum Vorschein. – Das Gefühl, welches ihm Mineralien erregten, bezeichnete er durch ein Ziehen, das ihn zugleich mit Kälte überlaufe, nach Verschiedenheit der Gegenstände, in seinem Arm mehr oder weniger hoch aufsteige, und auch sonst noch sich eigentümlich unterscheide. Dabei schwollen ihm sichtbar die Adern der Hand, die dem Metallreiz ausgesetzt gewesen war. Gegen Ende des Dezembers 1828 – wo die krankhafte Reizbarkeit seiner Nerven beinahe schon ganz gehoben war – verschwand auch allmählich seine Empfindlichkeit für Metallreize und verlor sich endlich ganz.

Nicht minder auffallend äußerte sich in ihm der tierische Magnetismus, für welchen er weit längere Zeit, als für Metallreize Empfänglichkeit behielt. Da jedoch diese Erscheinungen an Kaspar im wesentlichen mit ähnlichen bekannten übereinstimmen, so ist es überflüssig, ins Einzelne einzugehen, und es dürfte wohl nur zu bemerken sein, daß er die Empfindung des auf ihn einströmenden magnetischen Fluidums immer ein Anblasen nannte. Solche magnetische Empfindungen hatte er nicht bloß bei Menschen, wenn diese mit der Hand ihn berührten, die Fingerspitzen, selbst in einiger Entfernung, gegen ihn ausstreckten usw., sondern auch bei Tieren. Wenn er ein Pferd anfaßte, ging es ihm, wie er sagte, kalt den Arm hinauf; setzte er sich darauf, so war ihm, als gehe ihm ein Luftzug durch den Leib. Diese Empfindungen vergingen jedoch sobald er sich mit seinem Pferd ein paarmal auf der Reitbahn herumgetummelt hatte. Griff er eine Katze beim Schweif an, so überfiel ihn ein starker Kälteschauder und es war ihm, als habe er einen Schlag auf die Hand bekommen. – Im März 1829 wurde er zum erstenmal in eine Hütte geführt, worin ausländische Tiere zu sehen waren, und, nach seinem Wunsch, auf den dritten Platz gestellt. Sogleich beim Eintritt empfand er ein Fieberfrösteln, das, als die gereizte Klapperschlange zu rasseln begann, viel stärker wurde, und bald in Hitze mit vielem Schweiß überging. Der Blick der Schlange war dem Platz, wo er stand, nicht zugewendet. Er war sich übrigens dabei, wie er versicherte, weder des Schreckens noch der Furcht bewußt.

Wir verlassen nunmehr die physische und physiologische Seite Kaspars, um in eine tiefere Region seines Wesens einige Blicke zu werfen, die, indem sie uns die Schärfe seines natürlichen Verstandes verraten, zugleich auf sein Lebensschicksal und auf die gänzliche Verwahrlosung, worin menschliche Verruchtheit ihn versenkt hatte, den bündigsten Schluß ziehen lassen. In seiner Seele voll kindlicher Güte und Milde, die ihn unfähig machte, einem Wurm oder einer Fliege, geschweige einem Menschen wehzutun, welche in jeder Beziehung so fleckenlos und rein sich erwies, wie der Abglanz des Ewigen in der Seele eines Engels, brachte er, wie schon früher bemerkt worden, keine Idee, keine Ahnung von Gott, keinen Schatten eines Glaubens an irgendein höheres, unsichtbares Dasein, aus seinem Kerker mit sich in die Welt des Lichts. Wie ein Tier aufgefüttert, selbst im Wachen schlafend, in der Wüste seines engen Kerkerraums von nichts angeregt, als von den gröbsten tierischen Bedürfnissen, mit nichts beschäftigt als mit seinem Futter und mit dem ewigen Einerlei seiner Rosse, war sein Seelenleben dem Leben der Auster zu vergleichen, die am Felsen klebend, nichts empfindet als ihren Fraß, nichts vernimmt als den ewig einförmigen Schlag der Wellen, und, da im engen Raum ihres Gehäuses auch die beschränkteste Vorstellung von einer Welt außer ihr keinen Platz findet, noch weniger von demjenigen etwas zu ahnen vermag, was über der Erde und über allen Welten ist. So kam denn Kaspar freilich ohne Vorurteile, aber auch ohne allen Sinn für Unsichtbares, Unkörperliches, Ewiges auf die obere Welt, wo er, vom betäubenden Strudel der Außendinge erfaßt und umhergetrieben, mit den sichtbaren Wirklichkeiten schon allzuviel zu tun hatte, als daß auch noch das Bedürfnis zum Unsichtbaren in ihm so leicht hätte aufkommen können. Nichts hatte anfangs Wirklichkeit für ihn, als was er sehen, hören, fühlen, riechen und schmecken konnte; und sein erwachter, bald auch grübelnder Verstand ließ von allem dem nichts gelten, was nicht auf seinem sinnlichen Bewußtsein fußte, nicht in den Bereich seiner Sinne gestellt, in die Form eines ihm naheliegenden groben Verstandesbegriffs gebracht werden konnte. Lange waren alle Bemühungen, auf gewöhnlichem Weg religiöse Vorstellungen in ihm zu erwecken, ganz fruchtlos. Gegen Prof. Daumer beklagte er sich ganz naiv, daß er gar nicht wisse, was doch die Geistlichen mit allen den Dingen wollten, die er nicht begreifen könne. Um seinen plump-materialistischen Vorstellungen etwas abzugewinnen, versuchte es Prof. Daumer auf folgende Weise, ihn wenigstens vorläufig für die Denkbarkeit und Möglichkeit einer unsichtbaren Welt, besonders einer Gottheit, empfänglich zu machen. Daumer fragte ihn: ob er nicht Gedanken, Vorstellungen und einen Willen in sich habe? und, als er es bejahte: ob er diese sehen, hören usw. könne? Da er mit Nein antwortete, machte ihm sein Lehrer bemerklich: wie es folglich, nach seinem eigenen Bewußtsein, Dinge gebe, die man nicht sehen, noch sonst äußerlich wahrnehmen könne. Kaspar gestand dieses zu und war sehr erstaunt über die Entdeckung der unkörperlichen Natur seines inneren Wesens. Daumer fuhr fort: „Ein Wesen, das Denken und Wollen könne, heiße ein Geist, Gott sei nun ein solcher Geist und verhalte sich zu der Welt, wie Kaspars eigenes Denken und Wollen zu seinem Körper; wie er (Kaspar) in seinem Körper durch unsichtbares Denken und Wollen sichtbare Veränderungen hervorbringen, z. B. seine Hände und Füße bewegen könne, so könne es auch Gott in der Welt; Er sei das Leben in allen Dingen, Er sei der in der ganzen Welt wirkende Geist." – Prof. Daumer befahl ihm jetzt, seinen Arm zu bewegen, und fragte ihn: „ob er nicht zu gleicher Zeit auch den anderen Arm aufheben und bewegen könne?" – „Allerdings!" – „Nun denn", fuhr Daumer fort, „so siehst du also daraus, daß dein unsichtbares Denken und Wollen, das ist dein Geist zu gleicher Zeit in zweien deiner Glieder, also an zwei verschiedenen Orten zugleich sein und wirken kann. Dieses ist denn ebenso bei Gott, aber im Großen, und nun wirst du ungefähr verstehen, was das heißt: Gott ist allgegenwärtig." – Kaspar bezeigte große Freude als ihm dieses klargeworden war und äußerte zu seinem Lehrer: was er ihm da gesagt habe, sei doch etwas „Wirkliches", während andere Leute nie etwas Rechtes ihm darüber gesagt hätten. – Belehrungen, wie die oben bemerkten, hatten übrigens lange Zeit keine andere Folge, als daß Hauser gegen die Idee von Gott sich nicht mehr widerspenstig bezeigte und nun der Weg gefunden war, auf welchem man religiöse Vorstellungen seiner Seele nahebringen könne. Der ihm eingeborene Pyrrho kam indessen bei vielen Gelegenheiten immer wieder von neuem, in veränderter Gestalt und nach anderen Richtungen hin zum Vorschein. – Einmal fragte er: ob er von Gott etwas Bestimmtes bitten dürfe und ob ihm das Gebetene auch gewährt werde? z. B. wenn er Gott bitte, ihm von seinem (damals eingetretenen) Augenübel zu helfen? Allerdings, war die Antwort, dürfe er bitten; nur müsse er es der Weisheit Gottes anheimstellen, ob dieser es auch für gut finde, ihm seine Bitte zu gewähren. „Aber", erwiderte er hierauf, „ich will ja meine Augen wieder haben, damit ich lernen und arbeiten kann, und das muß ja doch gut für mich sein; Gott kann also nichts dagegen haben." Wurde er hierauf belehrt: Gott habe zuweilen seine unerforschlichen Gründe, uns auch das, was uns gut scheint, zu versagen, um uns z. B. durch Leiden zu prüfen, in Geduld zu üben usw. so gingen diese Lehren immer nur kalt an ihm vorüber, und fanden keine Anerkennung. – Seine Zweifel, Fragen und Einwendungen setzten nicht selten seinen Lehrer in nicht geringe Verlegenheit; z. B. als er einst, da von Gottes Allmacht die Rede war, die Frage stellte: ob denn Gott, der Allmächtige, auch die Zeit könne rückgängig machen? Eine Frage, welche auf sein früheres Lebensschicksal eine ironische bittere Beziehung hatte, und im Hintergrund die Frage versteckte: ob denn Gott seine Kindheit und Jugend, die er lebendig in einem Grabe verloren, ihm wieder zurückgeben könne? – Aus diesem wenigen mag man schließen, wie es vollends mit der positiven Religion, mit der christlichen Dogmatik, mit dem Geheimnis der Versöhnungslehre und anderen dergleichen Lehren stand, worüber seine Äußerungen anzuführen ich mich gern enthalte.

Vor zwei Ständen hatte Kaspar geraume Zeit einen nicht zu bezwingenden Abscheu, – vor den Ärzten und den Geistlichen; vor den ersten „wegen der abscheulichen Arzneien, die sie verschrieben, und womit sie die Leute krank machten"; vor den letzten, weil sie ihn ängstigten und durch unverständliches Zeug, wie er sich ausdrückte, verwirrten. Sah er einen Pfarrer, so geriet er in Schreck und Entsetzen. Fragte man ihn um die Ursache, so antwortete er: „Weil mich diese Leute schon sehr gepeinigt haben. Einmal sind ihrer vier auf einmal zu mir auf den Turm gekommen und haben mir Dinge gesagt, die ich damals gar nicht verstanden habe, z. B., daß Gott alles aus nichts geschaffen. Wenn ich um Erläuterung bat, so schrien alle zusammen und jeder sagte etwas anderes. Als ich ihnen sagte: das alles verstehe ich jetzt noch nicht, ich müsse zuerst lesen und schreiben lernen, so antworteten sie mir: jene Dinge müsse man zuerst lernen. Auch sind sie nicht eher fortgegangen, bis ich ihnen das Verlangen zu erkennen gab, sie möchten mich doch endlich einmal in Ruhe lassen." In Kirchen war es daher Kaspar ebenfalls gar nicht wohl zumute. Die Kruzifixe darin erregten ihm ein entsetzliches Schaudern, indem seine Vorstellung noch lange Zeit den Bildern unwillkürlich Leben verlieh. Das Singen der Gemeinde dünkte ihm ein widerliches Schreien. „Zuerst", sagte er einmal nach einem Kirchenbesuch, „schreien die Leute, und, wenn diese aufhören, fängt der Pfarrer zu schreien an."

VII.

Kaspar Hausers Gesundheit hatte unter sorgfältiger Pflege der würdigen Daumer'schen Familie, bei zweckmäßiger Leibesbewegung und angemessener Beschäftigung bedeutend gewonnen. Er lernte fleißig, nahm zu an allerlei Kenntnissen, machte Fortschritte im Rechnen und Schreiben, und brachte es im letzten bald so weit, daß er, ungefähr im Sommer 1829, es unternehmen konnte, dem Verlangen seiner Vorgesetzten entsprechend, die Erinnerungen seines Lebens in einen schriftlichen Aufsatz zu bringen. Diesen ersten Versuch eigener Darstellung seiner Gedanken, so gewiß er nur als Urkunde seiner lange zurückgehaltenen Bildung, und der Dürftigkeit und Ungelenkigkeit seines noch ganz kinderhaften Geistes gelten konnte, betrachtete gleichwohl er selbst mit den Augen eines jungen Autors, der sein erstes Federprodukt aus der Presse hervorgehen sieht. In seinem Schriftstellerkitzel wurde die sogenannte *Lebensbeschreibung* den ihn besuchenden Einheimischen und Fremden vorgezeigt, und bald erzählte man sogar in mehreren öffentlichen Blättern: – Kaspar Hauser arbeite an seiner Lebensbeschreibung. Sehr wahrscheinlich, daß gerade dieses Gerücht die Katastrophe herbeiführte, die bald nachher, im Oktober desselben Jahres (1829), seinem kurzen Leben ein tragisches Ende zu bereiten die Absicht hatte.

Kaspar Hauser – wenn es erlaubt ist, hier Vermutungen einzuflechten – war dem oder denjenigen, die ihn im Verborgenen verwahrten, endlich zur gefährlichen Last geworden. Das Kind, das man lange gefüttert hatte, war zum Knaben, endlich zum Jüngling herangewachsen. Er fing an unruhig zu werden, es regten sich seine Kräfte, er machte schon zuweilen Lärm und mußte durch empfindliche Schläge – wovon er noch die frischen Spuren nach Nürnberg mitbrachte – zur Ruhe gebracht werden. Warum man sich seiner nicht auf anderem Weg entledigte? Warum man ihn nicht tötete? Warum man ihn überhaupt nicht schon als Kind aus der Welt geschafft? Ob er nicht vielleicht seinem Wärter in mörderischer Absicht übergeben worden, dieser aber, entweder aus Mitleid oder um gewisse, dem auf die Seite geschafften Kind günstigere Zeiten abzuwarten, oder aus anderen, leicht denkbaren Beweggründen, das Kind auf eigene Gefahr beim Leben erhalten und aufgefüttert habe? bleibt der Vermutung eines jeden preisgegeben. Indessen – die Zeit war gekommen, oder vielmehr sie war nicht gekommen; der Verheimlichte konnte nicht länger verborgengehalten werden, man mußte seiner auf irgendeine Weise loszuwerden suchen und – schaffte ihn im Bettlergewand nach Nürnberg, wo er, wie man hoffte, als Vagabund oder

Blödsinniger in irgendeiner öffentlichen Anstalt, oder, wenn die ihm mitgegebene Empfehlung zum Reiterstand berücksichtigt wurde, als Soldat in einem Regiment verschwinden sollte. Gegen alle Erwartung traf keine dieser Berechnungen ein; der unbekannte Findling gewann sich menschliche Teilnahme, wurde Gegenstand öffentlicher allgemeiner Aufmerksamkeit; die Tagblätter füllten sich mit Nachrichten und Nachfragen über den rätselhaften jungen Mann; erst ein Adoptivkind Nürnbergs, wofür ihn der Magistrat dieser Stadt in seiner öffentlichen Bekanntmachung erklärt hatte, wird er endlich sogar das Kind – Europas. Man spricht aller Orten von Kaspars geistiger Entwicklung, man erzählt dem Publikum Wunder von seinen Fortschritten und – nun schreibt sogar dieser Halbmensch seine Lebensbeschreibung! Wer sein Leben beschreibt, muß von seinem Leben etwas zu erzählen wissen; es mußte daher denen, die alle Ursache hatten, in der Dunkelheit zu bleiben, welche sie um sich selbst und die zu ihnen führenden Spuren gezogen hatten, bei der Nachricht von einer Autobiographie Kaspars etwas eng um die Brust werden. Der Plan, den armen Kaspar in den Wellen der ihm fremden Welt lebendig zu begraben, war vereitelt; und nun erst wurde, wie die geheimen Verbrecher glauben mochten, Kaspars Ermordung für sie eine Art von Notwehr.

Kaspar pflegte vormittags von 11-12 Uhr außer dem Haus eine Rechnungsstunde zu besuchen. Aber am Sonnabend den 17. Oktober blieb derselbe, weil er sich unwohl fühlte, auf Geheiß seines Erziehers, zu Hause. Prof. Daumer machte um diese Zeit einen Spaziergang, und, außer Kaspar, den man auf seinem Zimmer wußte, blieb niemand in der Daumer'schen Wohnung zurück, als Daumers Frau Mutter und dessen Schwester, die um diese Zeit mit Reinigung des Hauses beschäftigt war.

Das Haus, in welchem Kaspar bei Daumer wohnte, liegt in einem entfernten wenig besuchten Teil der Stadt, auf einem außerordentlich großen, kaum über-sehbaren öden Platz. Das Haus, nach alter Nürnberger Bauart, äußerst unregelmäßig gebaut, voll Ecken und Winkel, besteht aus einem Vordergebäude, welches der Hausherr bewohnte, und einem Hintergebäude, in welchem die Daumer'sche Familie ihre Wohnung hatte. Eine eigene Haustür führt über einen, den Hofraum von zwei Seiten einschließenden, Gang zur Treppe des Daumer'schen Quartiers und auf jenem Gang ist, nebst einem Holzstall, Geflügelraum und anderen ähnlichen Behältnissen, dicht unter einer Wendeltreppe, in einem Winkel, ein sehr niedriger, schmaler, enger Abtritt. Der ohnehin kleine Raum, in welchem sich der Abtritt befindet, war durch eine davorstehende spanische Wand noch mehr verengt.

So oft Kaspar dieses heimliche Gemach besuchen wollte, legte er, nach seiner Gewohnheit, aus Rein-lichkeitsliebe, immer erst Rock und Weste auf seinem Zimmer ab, und ging so, bis auf die Hosen entkleidet, im bloßen Hemd mit nacktem Hals auf jenes Gemach. Noch ist zu bemerken, daß wer, auf dem eben bezeichneten Gang zu ebener Erde, allenfalls in der Nähe der Holzkammer sich befindet, sehr gut beobachten kann, wer von der Treppe herabkommt und auf den Abtritt geht.

Als gegen 12 Uhr des oben bemerkten Tages die Schwester des Prof. Daumer, Katharina, mit Fegen der Wohnung beschäftigt war, wurde sie auf der Treppe, die von dem ersten Stockwerk nach dem Hof führt, mehrere Blutflecken und blutige Fußspuren gewahr, die sie sogleich aufwischte, ohne sich dabei etwas besonders Arges zu denken. Sie meinte, Kaspar möge auf der Treppe aus der Nase geblutet haben, und ging auf dessen Zimmer, um ihn darüber zur Rede zu stellen. Sie fand Kaspar nicht, wohl aber bemerkte sie in dessen Stube, nahe an der Tür, ebenfalls ein paar blutige Fußtritte. Nachdem sie wieder die Treppe herabgegangen war, um auch den oben bezeichneten Gang im Hof zu fegen, fielen ihr abermals einzelne Blutspuren auf dem Steinpflaster dieses Ganges in die Augen. Sie kam bis zum Abtritt und hier lag ein ganzer dicker Haufen gestockten Bluts, das sie der eben herbeikommenden Tochter des Hausherrn zeigte, welche meinte: es sei dieses Blut von einer Katze, welche hier ihre Jungen geworfen habe. Daumers Schwester, welche dieses Blut sogleich hinwegschwemmte, war nun um so mehr in der Meinung bestärkt, Hauser habe die Unreinlichkeit auf der Treppe gemacht; er müsse in diese Blutlache getreten sein, und beim Hinaufgehen seine Füße nicht zuvor gereinigt haben.

Es war bereits 12 Uhr vorüber, der Tisch war gedeckt, und Kaspar, der sonst immer um diese Stunde pünktlich zum Essen kam, blieb diesmal aus. Die Mutter des Prof. Daumer ging daher aus ihrem Zimmer herab, um Kaspar zu rufen, fand ihn aber auf seiner Stube ebensowenig, als zuvor ihre Tochter. Frau Daumer sah an der Wand seinen Rock hängen, und auf dem Klavier seine Chemisette, Halsbinde und Weste. Sie schloß hieraus für gewiß, Kaspar müsse auf dem heimlichen Gemach sich befinden, ging herab, ihn hier zu suchen, fand ihn auch hier nicht, und wollte sich wieder hinauf in ihr Zimmer begeben, als ihr eine Nässe auf der Kellertür auffiel, die ihr wie Blut vorkam. Schlimmes ahnend hob sie die Kellertür auf, bemerkte auf allen Kellerstufen teils Blutstropfen, teils größere Blutflecken, stieg nun bis zur untersten Stufe hinab, und sah von hier aus in dem von Wasser angefüllten Keller in einem Winkel etwas Weißes aus der Ferne schimmern. Frau Daumer eilte zurück, und forderte die Magd des Hausherrn auf, mit einem Licht in den Keller zu gehen, um nachzusehen, was darin Weißes liege. Kaum hatte diese auf den bezeichneten Gegenstand hingeleuchtet, so rief sie: „Da liegt der Kaspar tot!" – Die Magd und der Sohn des Hausherrn, der indessen ebenfalls herbeigekommen war, hoben nun Kaspar, der kein Lebenszeichen von sich gab, und dessen totenbleiches Gesicht mit Blut bedeckt war, vom Boden auf, und trugen ihn aus dem Keller. Oben angekommen, gab er durch ein gewaltiges Stöhnen das erste Lebenszeichen; dann rief er mit dumpfer Stimme: „Mann! Mann!" Er wurde sogleich in das Bett gebracht, wo er mit geschlossenen Augen, von Zeit zu Zeit folgende abgebrochene Worte und Sätze bald schrie, bald vor sich hin murmelte:

„Mutter! – Professor erzählen – Abtritt – Mann schlagen – schwarzer Mann, wie Kuchen[38] – Mutter sagen – nit funden – mein Zimmer – in den Keller verstecken."

Es überfiel ihn hierauf ein gewaltiger Fieberfrost, der bald in heftigere Paroxysmen, endlich in völlige Tobsucht überging, in welcher einige starke Männer Mühe hatten, ihn zu halten. In seinen Wutkrämpfen biß er von einer Porzellantasse, worin man ihm ein warmes Getränk beizubringen suchte, ein ganzes Stück heraus, und schluckte es mit dem Getränk in sich hinein. Beinahe 48 Stunden befand er sich im Zustand vollkommener Geistesabwesenheit. In seinen Delirien, während der Nacht, sprach er von Zeit zu Zeit folgende abgebrochene Sätze vor sich hin:

„Herrn Bürgermeister sagen. – Nicht einsperren! – Mann weg! – Mann kommt! – Glocke weg! – Ich nach Fürth herunter reiten. – Nicht nach Erlangen in Walfisch

---

[38] Bezieht sich auf einen Fall, wo Kaspar von dem Kaminkehrer, der in der Küche fegte, sehr erschreckt worden war.

– Nicht umbringen, nicht Mund zuhalten, nicht sterben! – Meine Notdurft verrichten; nicht umbringen! – Hauser wo gewesen; nicht nach Fürth heute; nicht mehr fort; schon Kopfweh. – Nicht nach Erlangen in Walfisch! – der Mann mich umbringen! Weg! Nicht umbringen! Ich alle Menschen lieb; niemand nichts tan. – Frau Bürgermeisterin helfen! – Mann dich auch lieb, nicht umbringen! – Warum Mann mich umbringen? Ich auch gerne lebe. – Warum du mich umbringen? Ich dir niemals was tan. – Mich nicht umbringen! Ich doch bitten, daß du nicht eingesperrt wirst. – Hast mich niemals herausgetan aus meinem Gefängnis, du mich gar umbringen! – Du mich zuerst umgebracht, eh ich verstanden, was Leben ist. – Du mußt sagen, warum mich eingesperrt hast gehabt usw."

Die meisten dieser Sätze wiederholte er sehr oft unordentlich durcheinander.

Die von dem Untersuchungsgericht – dem die Polizeibehörde endlich jetzt die Behandlung der Hauserischen Angelegenheit überlassen hatte – unter Zuziehung des Stadtgerichtsphysikus Dr. Preu, am 20. Oktober vorgenommene Besichtigung Hausers gewährte folgendes Ergebnis:

Man fand die Stirn des im Bett liegenden Hauser in der Mitte durch eine scharfe Wunde verletzt, über deren Größe und Beschaffenheit der Gerichtsarzt nachstehendes *Visum et repertum* zu Protokoll gab:

„Die Wunde befindet sich auf der Stirn, 10 ½ Linien[39] über der Nasenwurzel quer auslaufend, in der Art, daß zwei Drittel derselben auf der rechten Stirnhälfte sich befinden, das letzte Drittel auf der linken. Die ganze Länge der in gerader Linie hinlaufenden Wunde beträgt 19½ Linien. Gegenwärtig (20. Oktober) sind beide Wundränder miteinander vereinigt, und lassen kaum noch einen Zwischenraum von ¼ Linie bemerken. Doch ist dieser am linken Ende etwas breiter, als im ganzen Verlauf der Wunde; daher angenommen werden muß, daß sie hier am tiefsten eingedrungen. – Was die Entstehung der eben beschriebenen Wunde betrifft, so ist solche unverkennbar mit einem sehr schneidenden Instrumente mittelst Hieb oder Stoß (?) dem Hauser beigebracht worden. Die scharfen Ränder der Wunde sprechen für die scharfe Schneide des Instruments; das gleiche Auslaufen der Wunde bezeichnet deren Entstehung durch Hieb oder Stoß (?), weil, wenn die Wunde rein geschnitten worden wäre, Anfang und Ende seichter und schmäler, die Mitte aber tiefer und eben darum klaffender erscheinen müßte. Am wahrscheinlichsten ist aber ihre Entstehung mittelst Hiebs, weil beim Stoß mehr Quetschung der zunächst anliegenden Teile bemerkt worden wäre usw."

Die Wunde war, wie der Arzt erklärte, an und für sich unbedeutend und hätte an jeder anderen Person leicht in sechs Tagen geheilt werden können. Allein

---

[39] Anmerk. d. Hrsg.: 1 Linie = 2,0268 mm.

bei Kaspars höchst reizbarem Nervensystem war er erst nach 22 Tagen von den Folgen der Verwundung genesen.

Kaspar erzählt das Ereignis im wesentlichen wie folgt:

„Am 17. hatte ich die Rechnungsstunde, die ich täglich bei Herrn E. von 11 bis 12 Uhr zu besuchen pflegte, aussetzen müssen. Ich hatte nämlich eine Stunde zuvor, als ich Herrn Dr. Preu besucht hatte, von diesem eine welsche Nuß erhalten, und fühlte mich darauf, obgleich ich kaum den vierten Teil davon genossen hatte, höchst unwohl. Herr Prof. Daumer, den ich hievon in Kenntnis gesetzt hatte, befahl mir, diesmal meine gewöhnliche Stunde nicht zu besuchen, sondern zu Haus zu bleiben. Herr Prof. Daumer ging aus; ich verfügte mich auf meine Stube. Ich wollte mich mit Schreiben etwas beschäftigen; aber Leibschmerzen verhinderten mich daran und ein natürliches Bedürfnis nötigte mich auf den Abtritt zu gehen. Wegen Leibreißens mußte ich mich länger als eine halbe Viertelstunde auf dem Abtritt aufhalten, wo ich zuletzt von der untern Holzkammer her ein Geräusch vernahm, demjenigen ähnlich, welches mit der Eröffnung dieser Tür gewöhnlich verbunden und mir wohlbekannt ist. Auch nahm ich vom Abtritt aus einen leisen Ton der Haustürglocke wahr, welcher mir jedoch nicht vom Anschellen, sondern von unmittelbarer Berührung der Glocke selbst herzurühren schien. Gleich nachher hörte ich leise Fußtritte vom unteren Gang her und zugleich sah ich durch den Raum zwischen der vor dem Abtritt befindlichen Tapete (spanischen Wand) und der Stiege selbst, daß eine Mannsperson aus dem Gang daherschlich. Ich bemerkte den ganz schwarzen Kopf der Mannsperson und meinte es sei der Schlotfeger. Ich verweilte noch einen Augenblick auf dem Abtritt, um vom Schlotfeger nicht gerade im Aufstehen bemerkt zu werden. Als ich aber hierauf mich vom Sitze des Abtritts aufrichtete (und meinen Kopf, während ich meine Beinkleider wieder aufziehen wollte, aus dem engen Abtritt etwas hervorstreckte) stand plötzlich der schwarze Mann vor mir und gab mir einen Schlag auf den Kopf, infolgedessen ich sogleich mit dem ganzen Körper auf den Boden vor dem Abtritt niederfiel. (Nun folgt die Beschreibung des Mannes, welche nicht wohl mitteilbar ist.) Vom Gesicht und von den Haaren dieses Mannes konnte ich gar nichts wahrnehmen; denn er war verschleiert und zwar, wie ich glaube, mit einem über den ganzen Kopf gezogenen schwarzen seidenen Tuche. –

Nachdem ich geraume Zeit bewußtlos gelegen sein muß, kam ich endlich wieder zu mir, spürte etwas warmes mir über das Gesicht laufen und griff nach der Stirn mit beiden Händen, die hierauf blutig wurden.

Erschreckt hierüber wollte ich zur Mutter hinauf[40], kam aber in der Verwirrung und Angst (denn ich

---

[40] So nennt er immer seine Pflegmutter, die Mutter des Prof. Daumer.

fürchtete immer, der Mann, der mich geschlagen, sei noch im Haus und werde zum zweitenmal über mich kommen) statt zur Tür der Mutter, an den Kleiderschrank[41] vor meiner Stube. Hier verging mir das Gesicht und ich suchte mich durch Anhalten mit der Hand am Schranke aufrecht zu erhalten.[42] Als ich mich erholt hatte, sollte ich abermals zur Mutter hinauf, kam aber, in weiterer Verwirrung, statt die Treppe hinauf, die Treppe herab und befand mich, zu meinem Entsetzen, wieder unten im Gang. Als ich die Kellertür erblickte, gab mir die Angst den Gedanken ein, mich im Keller zu verstecken. Die Falltür des Kellers war zu. Wie ich die Kraft erlangt habe, die schwere Falltür aufzuheben, ist mir bis zur Stunde unbegreiflich. Gleichwohl tat ich es und schlupfte in den Keller hinein.[43]

Durch das im Keller befindliche kalte Wasser, in das ich hinein mußte, kam ich zu besserem Bewußtsein; ich bemerkte einen trockenen Fleck auf dem

---

[41] Jeder Schritt und Tritt Kaspars in der folgenden Erzählung wurde durch Blutspuren nachgewiesen.

[42] Die Blutspuren am Schrank waren noch einige Tage zu sehen.

[43] Die Wirkungen des Schreckens und der Angst, wie treffend, wahr und naturgemäß erzählt! – Daß Kaspar nicht durch die schon offene Kellertür in den Keller sich verkrochen, daß er selbst zuvor diese Kellertür aufheben mußte und wirklich aufgehoben hat, ist eine nicht zu bezweifelnde Tatsache; ebenso gewiß ist es aber auch, daß dem Schwächling Kaspar die herkulische Arbeit des Aufhebens der Kellertür zu jeder anderen Zeit, unter anderen Voraussetzungen, ganz unmöglich gewesen sein würde.

Boden des Kellers und ließ mich daselbst nieder. Ich hatte mich kaum niedergelassen, als ich 12 Uhr läuten hörte, da dachte ich bei mir: nun bist du hier so ganz verlassen, es wird dich hier niemand finden und du wirst hier umkommen. – Dieser Gedanke füllte meine Augen mit Tränen, bis mich Erbrechen überfiel, und ich hierauf das Bewußtsein verlor. Als ich mein Bewußtsein wieder erlangt hatte, fand ich mich in meiner Stube auf dem Bette und die Mutter neben mir.“

Was die Art der Verwundung betrifft, so vermag ich (der Verfasser dieses) der Meinung des Gerichtsarztes nicht beizupflichten. Ich habe mehrere, jedoch zu öffentlicher Mitteilung nicht wohl geeignete Gründe zu glauben, daß die Wunde Hausers weder durch Hieb noch durch Stoß, weder mit einem Säbel, noch mit einem Beil, noch mit einem Meißel, noch mit einem gewöhnlichen zum Schneiden bestimmten Messer, sondern mit einem anderen scharfschneidenden, bekannten Werkzeug zugefügt worden, und daß es bei dieser Verwundung nicht auf die Stirn, sondern auf den Hals abgesehen gewesen, welcher aber – weil Kaspar bei Erblickung des Mannes und der nach seinem Hals sich plötzlich ausstreckenden bewehrten Faust, instinktmäßig mit dem

Kopf sich bückte – vom Kinn bedeckt, den Streich von sich hinweg zur Stirn hinauf leitete. Der Täter konnte, da Kaspar sogleich blutend zusammenstürzte, sein Werk für gelungen halten, und durfte auch, da er, vermöge der Beschaffenheit des Orts, jeden Augenblick befürchten mußte, von irgend jemand betroffen zu werden, nicht länger bei seinem Opfer verweilen, um nachzusehen ob alles recht gelungen sei, und, falls es nicht gelungen wäre, das Unvollendete zu vollbringen. So kam Kaspar mit seiner Stirnwunde davon.

Bald ergaben sich auch mehrere, Spuren des Täters nachweisende, Anzeigungen. Dahin gehört z. B. daß an demselben Tag, in derselben Stunde, wo die Tat geschehen, der von Kaspar beschriebene Mann gesehen worden ist, wie er aus dem Daumer'schen Haus sich wieder entfernte; daß um dieselbe Zeit dieselbe von Kaspar beschriebene, wohlgekleidete Person gesehen worden ist, wie sie nicht sehr weit vom Daumer'schen Haus in den auf der Straße stehenden Wasserkufen sich die (wahrscheinlich blutigen) Hände gewaschen hat; daß ungefähr vier Tage nach der Tat, ein eleganter Herr, welcher Kleider trug, wie der von Hauser beschriebene schwarze Mann, sich vor den Toren der Stadt zu einer gemeinen, eben nach der Stadt gehenden Frau gesellt, sich bei dieser angelegentlich nach dem Leben oder Tod des verwundeten Hausers erkundigt hat, dann mit dieser Frau bis unter das Tor gegangen ist, wo ein die Verwundung Hausers betreffender magistratischer Anschlag zu lesen war, und, nachdem er ihn gelesen, ohne die Stadt zu betreten, sich auf höchstverdächtige Weise wieder entfernt hat usw.

Wenn nun aber die Neu- oder Wißbegier des Lesers noch mehr von mir zu vernehmen wünscht; wenn er mich nach den Ergebnissen der gepflogenen gerichtlichen Untersuchung fragt; wenn er gern wissen möchte, nach welchen Richtungen hin jene Spuren geführt haben, an welchen Orten die Wünschelrute wirklich angeschlagen hat, und was dann weiter geschehen und erfolgt sei: so bin ich im Fall antworten zu müssen, daß, nach den Gesetzen, wie nach der Natur der Sache, ich dem Schriftsteller nicht erlauben darf, öffentlich von Dingen zu reden, welche vor der Hand nur noch dem Staatsbeamten zu wissen oder zu vermuten erlaubt sind. Übrigens darf ich die Versicherung aussprechen, daß die forschende Justiz, unter Anwendung aller ihr zu Gebote stehenden Mittel, selbst der außergewöhnlichsten, ihre Pflichten ebenso rastlos als rücksichtslos zu erfüllen, nicht ohne allen Erfolg, bemüht gewesen ist.

Allein dem Arm der bürgerlichen Gerechtigkeit sind nicht alle Fernen, noch alle Höhen und Tiefen erreichbar, und bezüglich mancher Orte, hinter welchen sie den Riesen eines solchen Verbrechens zu suchen Gründe hat, müßte sie, um bis zu ihm vorzudringen, über Josuas Schlachthörner, oder wenigstens über Oberons Horn gebieten können, um die mit Flegeln bewehrten hochgewaltigen Kolosse, die vor goldenen Burgtoren Wache stehen und so hageldicht dreschen, daß zwischen Schlag und Schlag sich unzerknickt kein Lichtstrahl drängen mag – für einige Zeit in ohnmächtige Ruhe zu bannen.[44]

Doch was verübt' die schwarze Mitternacht
Wird endlich, wenn es tagt, ans Sonnenlicht gebracht.

---

[44] Anmerk. d. Hrsg.: S. i. Anhang das *Memoire.*

VIII.

Träte Kaspar, welcher jetzt zu den gesitteten Menschen von Lebensart gerechnet werden darf, unerkannt in eine gemischte Gesellschaft, so würde er bald jedermann als eine befremdende Erscheinung auffallen. Sein Gesicht, in welchem die weichen Züge eines Kindes mit den eckigen Formen des Mannes und einigen, leicht gezogenen Furchen vorzeitigen Alters, herzgewinnende Freundlichkeit mit bedächtlichem Ernst und einem leichten Anflug von Melancholie sich vermischen[45]; seine Naivität, zutrauliche Offenheit und oft mehr als kindische Unerfahrenheit, verbunden mit einer gewissen Art von Altklugheit und vornehmer, doch ungezwungener Gravität im Reden und Benehmen; dann die Schwerfälligkeit

---

[45] Das diesem Werk beigegebene, nach dem Originalgemälde des Hrn. Greil verfertigte Bildnis, ist zwar sprechend ähnlich, zeigt aber nur den heiteren, freundlich lächelnden Kaspar. Seit Verfertigung dieses Bildnisses hat er sich merklich verändert. Sorgen, Gram und Verdruß haben die spärlichen Überreste verkümmerter Jugendblüte fast gänzlich abgestreift. Auf seiner Stirn und um die Augen bilden sich Furchen, seine Backen werden hängend, die Gesichtsfarbe spielt ins Fahle. Er ist ein im Finstern gezogenes Gewächs, das, zu spät ins Sonnenlicht gebracht, nur auf kurze Zeit die Knospen einer Blüte zeigt und bald verwelkt.

seiner, zuweilen nach Worten suchenden, oft fremd-
klingenden, harten Sprache, bei der Steifheit seiner
Haltung und der Ungelenkigkeit seiner Bewegungen,
– lassen ihn jedem beobachtungsfähigen Auge als ein
Gemisch von Kind, Jüngling und Mann erscheinen,
ohne daß man sobald mit sich einig werden könnte,
welcher Altersstufe dieser einnehmende Mischling
wirklich angehöre.

In seinem Geist regt sich nichts von Genialität,
nicht einmal von irgendeinem ausgezeichneten Ta-
lent[46]; was er lernt verdankt er beharrlichem, hartnäk-
kigem Fleiß. Auch jener wildlodernde Feuereifer,
womit er anfangs die Pforten alles Wissens sprengen
zu wollen schien, ist längst gedämpft, beinahe er-
loschen. In allem was er unternimmt, bleibt er entweder beim Anfang, oder bei der Mittelmäßigkeit
stehen. Ohne ein Fünkchen Phantasie, unfähig irgendeinen Witz zu machen oder nur eine bildliche
Redensart zu verstehen, ist er von trockenem, aber
kerngesundem Menschenverstand, und, bezüglich
aller Dinge, die zunächst seine Person betreffen, oder
innerhalb des engbegrenzten Kreises seiner dürftigen
Kenntnisse und Erfahrungen liegen, von so richtig
treffendem Urteil und Scharfsinn, daß er damit

---

[46] Außer zum Reiten, das er noch immer leidenschaftlich liebt.
An Gewandtheit und Eleganz im Reiten, wie im Aufsitzen und
Absitzen kann er es wohl mit dem geschicktesten Stallmeister
aufnehmen. Mehreren unserer ausgezeichnetsten Offiziere ist
Kaspar in dieser Beziehung ein Gegenstand der Verwunderung.

manchen gelehrten Schulfuchs beschämen oder in Verlegenheit bringen könnte.

An Verstand ein Mann, an Einsichten ein kleiner Knabe, in manchem noch weniger als ein Kind, zeigt sein Reden und Benehmen oft eine seltsam kontrastierende Mischung von Männlichkeit und kindischem Wesen. Mit ernsthafter Miene und im Ton großer Wichtigkeit tut er nicht selten Äußerungen, die bei jedem anderen desselben Alters dumm oder läppisch heißen würden, aus seinem Mund aber immer ein wehmütig-mitleidiges Lächeln sich erzwingen. Ganz possierlich nimmt es sich besonders aus, wenn er von seinen künftigen Lebensplänen spricht, von der Art, wie er, wenn er einmal etwas Rechtes gelernt und Geld verdient habe, sich einrichten und mit seiner Frau, die er als einen notwendigen Hausrat betrachtet, es halten wolle. Unter einer Ehefrau weiß er sich nichts anderes zu denken, als eine Haushälterin oder Obermagd, die man so lange behält als sie taugt, und wieder fortschickt, wenn sie öfters die Suppe versalzen, die Hemden nicht ordentlich geflickt, die Kleider nicht gehörig rein gebürstet hat usw.

Mild, sanft, ohne lasterhafte Neigungen, ohne Leidenschaften und Affekte, gleicht sein immer sich gleichbleibendes, stilles Gemüt einem spiegelglatten See in der Ruhe einer Mondscheinnacht. Unfähig einem Tier wehzutun, mitleidig gegen den Wurm, den er zu zertreten fürchtet, dabei furchtsam bis zur

Feigheit[47], wird er gleichwohl rücksichtslos, sogar schonungslos nach seinem Sinne handeln, sobald es gilt, einmal gefaßte, für Recht erkannte Vorsätze zu behaupten und durchzusetzen. Fühlt er sich in seiner Lage bedrückt, so wird er lange duldend schweigen, dem Beschwerlichen auszubeugen oder dieses durch milde Vorstellungen zu ändern suchen, endlich aber, wenn nichts helfen will, sobald dazu die Gelegenheit sich bietet, die hemmenden Bande ganz gelassen abstreifen, ohne demjenigen, der ihm damit wehgetan, dafür nachzuzürnen. Er ist gehorsam, willig, nachgebend; aber wer ihm mit Unrecht etwas schuld gibt, oder als wahr behauptet, was er für unwahr hält, erwarte nicht, daß er aus bloßer Gefälligkeit oder anderen Rücksichten, in das Unrecht oder in die Unwahrheit sich bequeme; er wird bescheiden, doch immer fest, bei seinem Recht stehenbleiben und allenfalls, wenn der andere hartnäckig gegen ihn das Feld behaupten will, schweigend davongehen.

Als reifer Jüngling, der seine Kindheit und Jugend verschlafen, zu alt, um noch als Kind, zu kindisch unwissend, um als Jüngling zu gelten; ohne Altersgenossen, ohne Vaterland, ohne Eltern und Verwandte; gleichsam das einzige Geschöpf seiner Gattung: erinnert ihn jeder Augenblick an seine Einsamkeit mitten im Gewühl der ihn umdrängenden Welt, an seine Ohnmacht, Schwäche und Unbehilflichkeit gegen die Macht der über sein Schicksal

---

[47] Besonders seit dem an ihm verübten Mordversuch.

gebietenden Umstände, vor allem an die Abhängigkeit seiner Person von der Gunst oder Ungunst der Menschen. Daher seine, ihm gleichsam zur Notwehr abgedrungene Fertigkeit in Beobachtung der Menschen, sein umsichtiger Scharfblick, womit er schnell ihre Eigentümlichkeiten und Schwächen auffaßt, die Klugheit – von Übelwollenden Schlauheit oder Pfiffigkeit genannt – womit er sich in diejenigen, die ihm wohl- oder wehtun können, zu bequemen, Anstößen auszubeugen, sich gefällig zu erweisen, seine Wünsche geschickt anzubringen, den guten Willen seiner Gönner und Freunde sich dienstbar zu machen weiß. Kinderstreiche, Mutwille, Possen sind ebensowenig von ihm zu erzählen, als Beispiele von Bosheit und Tücke; für die ersten ist er zu ernsthaft und kaltverständig, für die letzten zu gutmütig und bis zur Pedanterie rechtlich.

Einer der größten Mißgriffe in der Erziehung und Bildung dieses Menschen war unstreitig, daß man, statt ihm eine seiner Eigentümlichkeit angemessene, gemein menschliche Bildung zu geben, ihn seit einigen Jahren auf das Gymnasium schickte, und ihn noch obendrein sogleich in einer höheren Klasse den Anfang machen ließ.[48] Dieser arme verwahrloste

---

[48] Aus welcher Lage er jedoch, während ich dieses Werkchen schrieb, durch die Großmut des edlen Grafen Stanhope, der ihn als seinen Pflegsohn förmlich angenommen, endlich erlöst worden ist. Er lebt jetzt zu Ansbach, wo er einem tüchtigen Schullehrer übergeben wurde, in dessen häuslicher Pflege er sich zugleich befindet. Später wird er seinem geliebten Pflegevater, unter

Jüngling, der erst seit kurzem den ersten Blick in die Welt getan und noch nachzuholen hatte, was unsere Kinder schon an der Mutterbrust, im Schoß ihrer Wärterinnen lernen, mußte auf einmal mit der lateinischen Grammatik, mit lateinischen Exerzitien, mit Cornelius Nepos, und endlich gar mit Caesar *de bello gallico* seinen Kopf zermartern. In lateinische Schulschrauben eingezwängt, erlitt nunmehr sein Geist gleichsam seine zweite Gefangenschaft. Wie früher die Kerkermauern sperrten ihn jetzt die bestaubten Wände der Schulstube von der Natur und dem Leben aus; statt nützlicher Dinge gab man ihm Worte und Phrasen, deren Sinn und Beziehung er nicht zu begreifen fähig war, und verlängerte so auf das widernatürlichste von neuem seine Kindheit. Während er an dürrem Schulkram seine Zeit und seine ohnehin geringen Kräfte vergeuden mußte, darbte er fortwährend an der notdürftigsten Kenntnis von Dingen, die seine Seele nähren und erfreuen, seinem wunden Gemüt einigen Ersatz für die verlorene Jugend gewähren, und ihm zur Grundlage für irgendeinen künftigen Beruf dienen konnten. „Ich weiß gar nicht" – sagte er öfters in Unmut und halber Verzweiflung – „wozu ich alle die lateinische Sachen brauchen soll, da ich doch kein Pfarrer werden kann, und kein Pfarrer werden mag." Als ihm einst hierauf ein Pedant erwiderte: „Das

---

sicherer Begleitung, nach England folgen. (Anmerk. d. Hrsg.: Auch hier irrte sich Feuerbach in schwerer Weise. S. die Schriften v. Prof. G. Fr. Daumer.)

Erlernen der lateinischen Sprache sei ihm der deutschen Sprache wegen unentbehrlich; um gründlich Deutsch zu lernen, müsse man gründlich Latein gelernt haben", erwiderte sein gesunder Menschenverstand, „ob denn auch die Römer deutsch hätten lernen müssen, um gründlich lateinisch sprechen und schreiben zu können?" Wie das Latein zu Kaspar, Kaspar zum Latein paßte, mag man daraus abnehmen, daß dieser bärtige Lateiner, als er im Frühjahr 1831 bei mir lebte, noch nicht einmal die Erfahrung gemacht hatte, daß Gegenstände des Gesichts in der Entfernung kleiner scheinen als sie wirklich sind; er war ganz befremdet darüber, daß die Bäume einer Allee, in der ich mit ihm spazieren ging, immer kleiner und niedriger seien, und der Weg in der Ferne immer schmaler, so daß man am Ende gar nicht mehr hindurchgehen könne. Er hatte so etwas zu Nürnberg noch nicht beobachtet, und geriet, wie über eine Zauberei, in Erstaunen, als er, mit mir die Allee hinabgehend, endlich fand, daß jeder dieser Bäume gleich hoch und der Weg überall gleich breit sei.

Das drückende Gefühl von seiner Unwissenheit, Unbehilflichkeit und Abhängigkeit; die Überzeugung, daß er nie imstande sein werde, die verlorene Jugend wieder einzubringen, seinen Altersgenossen gleichzukommen und ein in der Welt brauchbarer Mensch zu werden; daß man mit seiner Jugend ihm nicht bloß den schönsten Teil des Menschenlebens genommen, sondern auch sein ganzes übriges Leben ihm verkümmert und verkrüppelt habe; endlich zu diesem allen noch der grausenhafte Gedanke, daß dem kümmerlichen Rest seiner ihm gefristeten Tage jeden Augenblick ein unsichtbares Mordbeil, ein geheimes Banditenmesser drohe: – dies ist der schwere Inhalt der seine Stirn umziehenden Trauerwolken, die, wenn äußere Anlässe sie verdichten, nicht selten in Tränen und wehmütigen Klagen sich ergießen. Zur Zeit seines Aufenthalts bei mir nahm ich ihn öfters mit mir auf meine Spaziergänge und führte ihn einst an einem freundlichen Morgen auf einen unserer sogenannten Berge, von wo aus sich über die zu den Füßen liegende, niedliche Stadt und das liebliche, von Anhöhen begrenzte Tal, eine schöne heitere Aussicht öffnet. Kaspar, anfangs von diesem Anblick sehr erfreut, wurde bald still und traurig. Meiner Frage um die Ursache seiner veränderten Stimmung, antwortete er: „Ich denke mir eben, wie es doch so viel Schönes auf der Welt gibt, und wie hart es für mich ist, so lange schon gelebt und nichts davon gesehen zu haben, und wie glücklich die Kinder sind, die alles dies von ihren ersten Jahren an sehen konnten und noch immer sehen können. Ich bin schon so alt, und muß noch immer lernen, was lange schon die Kinder wissen. Ich wollte, ich wäre nie aus meinem Käfig gekommen; wer mich hineingetan, hätte mich auch darin lassen sollen. Dann hätte ich von allen dem nichts gewußt und hätte nichts vermißt und hätte keinen Jammer darüber gehabt, daß ich kein Kind gewesen und so spät auf die Welt gekommen bin." Ich suchte ihn damit zu beruhigen, daß ich ihm sagte: „Was die Schönheiten der Natur betreffe, so habe er nicht eben Ursache, sich in Vergleich mit unseren Kindern und mit den Menschen, die seit ihrer Kindheit auf der Welt seien, zu beklagen. Die meisten Menschen, unter diesen Herrlichkeiten aufgewachsen, betrachteten sie als etwas Gewöhnliches, Alltägliches, mit gleichgültigen Augen, nähmen diese Stumpfheit durch ihr ganzes Leben mit sich und empfänden in der Regel bei den Wundern der Natur nicht mehr, als das Tier auf der Weide. Ihm aber (Kaspar), der als Jüngling in die ihm neue Welt getreten, seien diese Genüsse, in aller ihrer Frische und Reinheit vorbehalten geblieben, und hierin habe er einen nicht geringen Ersatz für den Verlust der früheren Jahre und einen bedeutenden Vorzug vor anderen Menschen gewonnen." Er erwiderte mir nichts, und schien, wo nicht überzeugt, doch einigermaßen getröstet. Doch wird er zu keiner Zeit jemals über sein Schicksal ganz zu trösten sein. Er ist ein zartes Bäumchen, dem man seine Krone genommen, dessen Herzwurzel ein Wurm zernagt.

Bei solchen Stimmungen, in solchem Gefühl von seiner Lage mußte wohl die Religion, Glaube an Gott und gläubiges Hoffen auf die Vorsehung, Eingang in seine des Trostes bedürftige Seele finden. Er ist jetzt im echten Sinne des Wortes ein frommer Mensch, spricht mit Andacht von Gott und beschäftigt sich gerne mit vernünftigen Erbauungsschriften. Aber freilich würde er auf keines der symbolischen Bücher schwören und noch weniger in einer andächtigen Gesellschaft von Hengstenberg und Compagnie sich behaglich fühlen.[49]

Beizeiten den Ammenmärchen der Wärterinnen entrückt, als Kind begraben, als reifer Jüngling zu frischem Leben auferstanden, brachte er eine von Vorstellungen leere, aber auch von allen Vorurteilen reine, von jedem Aberglauben freie Seele mit auf die Welt des Lichts. Er, dem es anfangs so schwer war, seines eigenen Geistes sich bewußt zu werden, ist noch viel weniger fähig und geneigt, gespenstige Geister sich zu denken. Über den Glauben an Gespenster spottet er als über die unbegreiflichste aller menschlichen Albernheiten und fürchtet nichts als den unsichtbaren geheimen Unheimlichen, dessen Mordwerkzeug er empfunden hat. Gäbe man ihm Bürgschaft, daß er gegen diesen Mann gesichert sei, so würde er zu jeder Stunde der Nacht auf einen Kirchhof gehen und ohne Grauen über Gräbern schlafen.

Seine Lebensweise ist jetzt fast ganz die gewöhnliche anderer Menschen. Er genießt, ausgenommen Schweinefleisch, alle Arten von Speisen, doch ohne hitzige Gewürze. Sein liebstes Gewürz blieben Kümmel, Fenchel und Koriander. Sein Getränk besteht

---

[49] Er wurde in der Religion erzogen, zu welcher die Mehrheit der Bewohner Nürnbergs sich bekennt, nämlich in der lutherisch-evangelischen.

noch immer in Wasser; nur morgens wird dieses von einer Tasse Gesundheitsschokolade vertreten. Alle gegorenen Getränke, Bier, Wein, wie auch Tee und Kaffee, sind ihm fortwährend ein Greuel, und würden, wollte man ihm davon einen Tropfen aufnötigen, ihn unfehlbar krank machen.

Die außerordentliche, fast übernatürliche Erhöhung seiner Sinne hat ebenfalls gegenwärtig ganz nachgelassen und ist beinahe auf das gewöhnliche Maß herabgestimmt. Er sieht zwar noch immer im Dunkeln, so daß es für ihn keine wahre Nacht, sondern nur Dämmerung gibt; doch ist er nicht mehr imstande im Finstern, wie sonst, zu lesen oder in weiter Entfernung die kleinsten Gegenstände zu erkennen. Während er ehemals bei dunkler Nacht weit besser und schärfer sah, als bei Tag, ist es jetzt umgekehrt. Gleich anderen Menschen verträgt und liebt er nun das Sonnenlicht, das nicht mehr, wie sonst, seine Augen verwundet. Von der Riesenhaftigkeit seines Gedächtnisses und anderen staunenswürdigen Eigenschaften ist keine Spur mehr zu finden. Nichts Außerordentliches ist mehr an ihm, als das Außerordentliche seines Schicksals und seine unbeschreibliche Güte und Liebenswürdigkeit.

Memoire über Kaspar Hauser[50]

Wer möchte wohl Kaspar Hauser sein?

Die Rechtsgelehrten haben bei der Entscheidung über Verbrechen, einen Beweis aus dem Zusammentreffen der Umstände. Auch ich unternehme einen solchen, aus einer Reihe nebeneinander gestellter Vermutungs-gründe zusammengefaßten Beweis, welcher freilich vor keinem Richterstuhl ein entscheidendes Gewicht haben würde, gleichwohl aber hinreichend sein dürfte, um eine sehr starke menschliche Vermutung, wo nicht vollständige moralische Gewißheit zu begrün-den.

Die lange Kette dieses Vermutungsbeweises bildet sich durch folgende Glieder, welche, so fein sie sind, fest ineinandergreifen.

---

[50] Der Königin Karoline von Bayern übersandt. (Anmerk. d. Hrsg.: Dieses *Memoire* wurde nicht ohne Grund von Feuerbach an Königin Karoline übersandt, da nach der Feuerbach'schen Theorie die Herkunft K. Hs. im badischen Fürstengeschlecht zu suchen wäre: Königin Karoline war eine Schwester Großherzog Karls von Baden (K. Hs. vermeintlichem Vater), und, im Falle, daß Kaspar Hauser wirklich vom Badischen Geschlecht ab-stammen sollte, eine Tante von jenem.)

I. Hinsichtlich des Standes desselben im allgemeinen ergibt sich aus den zu den gerichtlichen Akten gekommenen oder sonst bewahrheiteten Umständen Folgendes:

1) Kaspar Hauser ist kein uneheliches, sondern ein eheliches Kind. Denn wen auch Kaspar, wenn man sich ihn als uneheliches Kind denkt, zum Vater oder zur Mutter gehabt haben möge, so gab es, wenn es darauf ankam, die Paternität oder Maternität zu verheimlichen, weit leichtere, weniger grausame und bei weitem weniger für die Beteiligten gefährliche Mittel, als die ungeheure Tat der vielleicht 16-17 Jahre lang fortgesetzten, geheimen Gefangenhaltung und endlichen Aussetzung des Kindes. Je vornehmer eines der Eltern gewesen, desto leichter konnte das Kind auf andere Weise entfernt werden, ohne daß es hierzu einer solchen Tat bedurfte. Leute geringen Standes und geringer Mittel hatten noch weniger Ursache, auf so gefahrvolle, bedeutende Anstalten und Vorrichtungen erfordernde Weise, ihr uneheliches Kind zu verheimlichen. Das Brot und Wasser das Kaspar heimlich zugebracht wurde, hätte man ihm öffentlich dürfen verzehren lassen. Kurz: man denke sich Kaspar als uneheliches Kind vornehmer oder geringer, reicher oder armer Eltern: so steht das Mittel außer allem Verhältnis zu seinem Zweck. Ganz ohne Ursache, gleichsam bloß zum Scherz, übernimmt niemand die Last eines schweren Kapitalverbrechens, zumal wenn er dabei noch obendrein die qual- und angstvolle

Mühe hat, dieses Kapitalverbrechen 16-17 Jahre lang sorgfältig fortsetzen zu müssen.

2) Bei den an Kaspar begangenen Verbrechen sind Personen beteiligt, welche über große außergewöhnliche Mittel zu gebieten haben. Daß sowohl die Aussetzung Kaspars, als auch der später an ihm verübte Mordversuch in einer Stadt, wie Nürnberg, am hellen Tage, gleichsam öffentlich geschehen konnte, dann aber alle Spuren des Täters auf einmal verschwanden; daß alle Nachforschungen, die seit nun beinahe drei Jahren mit dem rastlosesten Eifer, geleitet vom vereinten Scharfsinn der erfahrensten Justiz- und Polizeimänner, nach allen Richtungen hin unternommen wurden in der Art fruchtlos gewesen sind, daß kein juridisch geltend zu machender Umstand entdeckt werden konnte, welcher auf einen bestimmten Ort der Haupttat, oder auf eine bestimmte Person geführt hätte; daß alle öffentlichen Aufforderungen, daß das große Interesse, welches fast alle Herzen in und außer Deutschland an dem Schicksal des unbekannten Unglücklichen genommen haben, daß ein auf die Entdeckung ausreichender Spuren öffentlich ausgeschriebener Preis von 1.000 Gulden keine einzige befriedigende Anzeige herbeigeführt hat: – alles dieses wird nur daraus erklärbar, daß mächtige und sehr reiche Personen dabei beteiligt sind, welche über gemeine Hindernisse kühn hinwegzuschreiten die Mittel haben, welche durch Furcht, außerordentliche Vorteile und große Hoffnungen willige

Werkzeuge in Bewegung zu setzen, Zungen zu fesseln und goldene Schlösser vor mehr als einen Mund zu legen, die Macht besitzen.

3) Kaspar muß eine Person sein, an dessen Leben oder Tod sich große Interessen knüpfen. Dieses beweist unwidersprechlich der ebenso listig angelegte, als keck ausgeführte Mordversuch. Das Ungeheure des Mittels nötigt jeden gesunden Verstand, auf einen mit dem Mittel in Verhältnis stehenden großen Zweck zu schließen. Wer hätte das Interesse haben können, an einem armen, von fremder Barmherzigkeit lebenden Findling den Tod auf dem Schafott zu wagen? wäre nicht an diesem Findling weit mehr gelegen, als an irgendeinem Findling gelegen sein konnte. Er muß eine Person sein, deren Leben, selbst bei der entfernten Gefahr, es könne einmal ihr Stand und wahrer Name entdeckt werden, die Existenz anderer und zwar so hochbedeutender Personen bedrohte, daß er, um jeden Preis, auf jede Gefahr hin, aus dem Wege geräumt werden mußte, und daß zugleich Menschen gefunden werden konnten, die solch ein Wagstück unternahmen.

4) Nicht Rache, nicht Haß konnten Motive zur Einkerkerung, dann zur versuchten Ermordung dieses unschuldigen, harmlosen Menschen gewesen sein. Es bleibt kein anderer Beweggrund denkbar als der Eigennutz. Er wurde entfernt, damit anderen Vorteile zugewendet und für immer gesichert würden, welche von Rechtswegen nur ihm gebührten; er mußte

verschwinden, damit andere ihn beerben, er sollte ermordet werden, damit jene in der Erbschaft sich behaupten konnten.

5) Er muß eine Person hoher Geburt, fürstlichen Standes sein. Dafür sprechen – seltsam genug! – doch auf die überzeugendste Weise – merkwürdige Träume, die Kaspar zu Nürnberg gehabt hat, welche Träume nichts anderes gewesen sein können, als wiedererwachte Erinnerungen aus seiner früheren Jugend. Ich bemerke hierbei zuvörderst im allgemeinen, daß Kaspar, als er diese Träume hatte, noch auf sehr niedriger Stufe geistiger Entwicklung stand, nur noch sehr unvollkommen sich äußern konnte und Träume von wirklichen Erscheinungen und Erinnerungen noch nicht zu unterscheiden vermochte. Es ist ferner zu bemerken, daß von den Gegenständen und Szenen, welche Kaspar im Traum gesehen haben will, ihm zu Nürnberg nichts Ähnliches vorgekommen sein konnte. So hatte er z. B. folgenden Traum, welchen ich ihn selbst dieser Tage von neuem niederschreiben ließ.

„Den 15. Aug. 1828 hatte ich nachstehenden Traum. Es kam mir vor, als wäre ich in einem sehr großen, großen Hause. Da schlief ich in einem sehr kleinen Bette. Als ich aufstand, kleidete mich ein Frauenzimmer an. Nachdem ich angekleidet war, führte

sie mich in ein anderes großes Zimmer, in welchem ich sehr schöne Kommode, Sessel und ein Sofa sah.

Von da führte sie mich in ein anderes großes Zimmer, worin Kaffeetassen, Schüsseln und Teller waren, die wie Silber aussahen. Von diesem Zimmer aus führte sie mich in ein größeres Zimmer in welchem sehr viele und sehr schön gebundene Bücher standen. Von diesem Zimmer aus führte sie mich einen langen Gang vor und über eine Treppe hinab. Nachdem wir die Treppe hinuntergegangen waren, gingen wir im Innern des Gebäudes einen Gang herum, an dessen Wand Portraits hingen. Aus den Bogen dieses Ganges konnte man in den Hof hinaussehen. Ehe wir den Gang ganz umgangen hatten, führte sie mich zu einem, mitten im Hofe befindlichen Springbrunnen hin, an welchem ich eine sehr große Freude hatte. Von da führte sie mich wieder zu demselben Bogen, durch welchen wir zum Springbrunnen herausgegangen waren, hin, und dann kehrten wir auf dem Bogengange denselben Weg wieder zurück bis zur Treppe. Als wir zur Treppe kamen, sah ich ein Bildnis stehen, welches in Ritterkleidung ausgeschnitten oder ausgehauen war. Das Bildnis hatte auch ein Schwert in der linken Hand. Oben am Handgriff war ein Löwenkopf angebracht. Dieser Ritter stand auf einer viereckigen Säule, welche mit der Treppe verbunden und angemacht ist. Nachdem ich den Ritter eine Zeitlang angesehen hatte, führte mich das Frauenzimmer die Treppe hinauf, den langen Gang vor und wollte mit mir zu einer Türe hineingehen. Diese Tür war aber verschlossen. Sie klopfte an, allein man machte nicht auf. Darauf ging sie mit mir schnell zu einer andern Türe, und während sie dieselbe öffnen wollte, erwachte ich."

Das Haus in diesem Traum ist offenbar ein Schloß ein Palast, der nach seiner äußeren Beschaffenheit und inneren Einteilung so genau beschrieben ist, daß ein Baukünstler einen Riß danach entwerfen könnte. In der Reihe der Zimmer, welche Kaspar beschreibt, ist besonders das Bibliothekszimmer und das mit den Silberschränken bemerkenswert, welches letztere entweder eine Silberkammer oder ein fürstliches Tafelzimmer mit Buffets sein soll: alles dergleichen hatte Kaspar, als er dieses träumte, nirgendwo in Nürnberg zu sehen Gelegenheit gehabt, Träume aber erfinden nichts und schaffen nichts, sie bilden und verarbeiten nur Stoffe, welche sie von außen empfangen haben. Das Schloß mit diesen Zimmern existiert daher gewiß irgendwo. Daß Löwenköpfe (oder Löwen?) in jenem Traumbild öfters mit vorkommen, ist sehr bezeichnend.

Aus der Verbindung aller obigen Umstände geht nun zuvörderst die dringende Vermutung, ja die moralische Gewißheit hervor:

„Kaspar Hauser ist das eheliche Kind fürstlicher Eltern, welches hinweggeschafft worden ist, um anderen, denen er im Wege stand, die Sukzession zu eröffnen."

II. Die Gefangenhaltung Kaspars insbesondere betreffend,

so stellt sich dieselbe, von einer Seite betrachtet, als das an dem Unglücklichen begangene Hauptverbrechen, derjenige, der ihn gefangenhielt und ernährte, als ein Bösewicht dar. Bei diesem Gesichtspunkt blieb v. Feuerbach in seinem neuerlich erschienenen Werkchen: *Kaspar Hauser*, stehen, weil er dem Publikum hierüber nicht zu viel sagen durfte, um nicht noch mehr sagen zu müssen. Auf der S. 43, Anm. **) erlaubte er sich nur auf das Wahre, das hinter dem Schein des dem Auge zunächst sich hervorkehrenden Verbrechens verborgen ist, hinzudeuten, und die weiteren Schlüsse daraus dem Scharfsinn des Lesers zu überlassen. Die ganze Wahrheit ohne Schminke, und ohne teilweise Verhüllung zeigt sich aber im Folgenden:

1) Kaspar wurde freilich gefangengehalten und spärlich ernährt. Aber man hat auch Beispiele von Menschen, welche gefangengehalten wurden, nicht in verbrecherischer, sondern in wohltätiger Absicht, nicht um sie zu verderben, sondern um sie zu retten, ihr Leben gegen ihre Verfolger in Sicherheit zu bringen. Die Art und Weise, wie Kaspar gefangengehalten wurde, hat offenbar diesen Charakter.

Kaspars Verwahrungsort war ein kleines, gewölbtes Gemach, das sehr gesund gewesen sein muß, weil Kaspar sich nicht erinnert, jemals krank gewesen zu sein oder Schmerzen empfunden zu haben. Dieses

Gemach war sehr reinlich gehalten; denn Kaspar, der außer seinem Wächter kein anderes lebendes Geschöpf kannte, hat nicht einmal mit einem lebenden Ungeziefer Bekanntschaft zu machen Gelegenheit gehabt. Keine Ratte, keine Maus, keine Spinne, keine Fliege ist ihm während seiner Haft jemals zu Gesicht gekommen. Auch an seinem Körper wurde er äußerst reinlich gehalten; er spürte nie Ungeziefer an sich; es wurde ihm, während er schlief, die Wäsche gewechselt, es wurden ihm die Nägel beschnitten, wurde wahrscheinlich auch von Zeit zu Zeit gewaschen. Kaspar erinnert sich nicht, jemals lange Nägel gehabt oder irgendeinen Schmutz an seinem Körper oder an seinen Hemden, die immer blendend weiß und von nicht grober Leinwand gewesen, bemerkt zu haben. Er erhielt immer regelmäßig sein Brot und Wasser; das Brot aber bestand in einem sogenannten Kipf von gemischtem Mehl, mit Fenchel und Koriander bestreut und war mit Einschnitten versehen, damit bequem die einzelnen Stückchen abgebrochen werden möchten. Es war sogar, so viel möglich, für einige Beschäftigung und Unterhaltung des Kindes gesorgt; zwei hölzerne Pferde und ein hölzerner Hund und seidene bunte Bänder waren ihm zum Spielzeug gegeben. Alles dieses beweist Sorgfalt, Milde, Menschlichkeit. Wäre die Absicht gewesen, den Unglücklichen für immer der Welt zu entziehen, warum hat ihn der Geheime, der ihn in seiner Gewalt hatte, nicht lieber ganz aus der Welt geschafft? Jener Unbekannte, der den Kaspar verborgen hielt, mischte zuweilen Opium unter das Wasser, damit er fest schlafe, wenn er gereinigt werde. Warum nicht einige Gran Opium mehr, damit er auf ewig einschlafe? In dem Kerker, in welchem der Lebende so lange verborgen war, konnte noch leichter der Tote verborgen liegen.

Aber warum so karge Kost? Warum nur Wasser und Brot? Höchstwahrscheinlich nur darum, weil derjenige, welcher den Unglücklichen verborgen hielt, ihn auf andere Weise nicht ernähren konnte, ohne Aufsehen zu erregen. Wasser und Brot konnte er unbemerkt bei Nacht seinem Gefangenen heimlich zutragen; nicht aber warme Speise.

Das Schicksal eines Mannes aus der Familie des Grafen Stanhope kann hiermit in Vergleichung gestellt werden. Es war, wie ich glaube, der Ur-Urgroßvater des Grafen Stanhope; dieser war von Cromwell geächtet und wurde, bis ihm die Flucht gelang, von seiner ihn zärtlich liebenden Tochter in einem Grabgewölbe verborgen gehalten, wo sie ihn mit einzelnen Brocken, die sie beim Essen heimlich zu sich steckte, auf eigene Lebensgefahr kümmerlich ernährte.

Daß Kaspar für den Mann, „bei dem er immer gewesen", noch immer eine große Zuneigung fühlt, mit Liebe und Dankbarkeit über ihn sich äußert, immer nur bittet, man möge diesen Mann, wenn man ihn entdecke, mit Strafe verschonen, ist ebenfalls ein Umstand, welcher, mit den obigen Tatsachen zusammengenommen, den sicheren Schluß begründet:

„Der Mann, der unseren Kaspar gefangen hielt, war sein Wohltäter, sein Retter; er hielt ihn gefangen, um ihn vor seinen Verfolgern, vor denen, die ihm nach dem Leben trachteten, zu verbergen."

2) Wenn in Kaspars Person, aus irgendeiner hohen oder nur aus einer vornehmen, angesehenen Familie ein Kind verschwunden wäre, ohne daß man über dessen Tod oder Leben und wie es hinweggekommen, etwas in Erfahrung bringen könne: so müßte längst offiziell bekannt sein, in welcher Familie dieses Unglück sich ereignet habe. Denn das Verschwinden eines Kindes ist eine offenkundige, aufsehenerregende Tatsache. Da nun aber seit Jahren, und unerachtet Kaspars Schicksal weltbekannt geworden, nicht das mindeste von einer Familie bekannt geworden, aus welcher vor ungefähr 17-20 Jahren ein Kind heimlicherweise abhanden gekommen und verschwunden sei: so ist Kaspar nur unter den Toten zu suchen:

„Ein Kind wurde für tot ausgegeben, wird noch jetzt für tot gehalten; lebt aber noch in der Person des armen Kaspar."

Dieser Umstand, mit den vorhergehenden zusammengereiht, kombiniert sich zu folgender mutmaßlicher Geschichte:

„Das Kind, in dessen Person der nächste Erbe, oder der ganze Mannesstamm seiner Familie erlöschen sollte, wurde heimlich beiseite geschafft, um nie wieder zu erscheinen. Um aber den Verdacht eines Verbrechens zu entfernen, wurde diesem Kind, welches vielleicht, als es beseitigt wurde, gerade krank zu Bett gelegen hatte, ein anderes bereits verstorbenes oder sterbendes Kind untergeschoben, dieses alsdann als tot ausgestellt und begraben, und so Kaspar angeblich in die Totenliste gebracht."

War der Arzt des Kindes mit im Spiel, hatte er den Auftrag das Kind umzubringen, fand er jedoch entweder in seinem Gewissen oder in seiner Klugheit Gründe, den Auftrag scheinbar zu vollziehen, aber das Kind heimlich beim Leben zu erhalten, so konnte dieser fromme Betrug auf das leichteste vollzogen werden.

Zwischen dem Zeitpunkt des vorgespiegelten Todes und der Einkerkerung Kaspars liegt übrigens, wie sehr wahrscheinlich, ein nicht unbeträchtlicher Zwischenraum. Mancherlei führt nämlich auf die dringende Vermutung, daß Kaspar, nachdem er zum Schein in Deutschland gestorben war, nach Ungarn geschafft worden ist, dort die ersten Kinderjahre in der Freiheit verlebt hat und erst alsdann, um ihn vor naher Todesgefahr zu retten, eingekerkert worden ist.

Was nun endlich

III. die Frage betrifft, in welche hohe Familie Kaspar gehören möge?

so ist nur Ein Haus bekannt, auf welches nicht nur mehrere zusammentreffende allgemeine Verdachtsgründe hinweisen, sondern welches auch durch einen ganz besonderen Umstand speziell bezeichnet ist, nämlich – die Feder sträubt sich, diesen Gedanken niederzuschreiben – das Haus B–.[51]

Auf höchst auffallende Weise, gegen alle menschliche Vermutung, erlosch auf einmal in seinem Mannesstamm, das alte Haus der Z–,[52] um einem bloß aus morganatischer Ehe entsprossenen Nebenzweig platzzumachen!

Dieses Aussterben des Mannesstammes ereignet sich nicht etwa in einer kinderlosen, sondern – seltsam genug! – in einer mit Kindern wohlgesegneten Familie.

Was noch verdächtiger; – zwei Söhne waren geboren; aber diese beiden Söhne starben, und nur sie starben, während die Kinder weiblichen Geschlechts insgesamt bis auf den heutigen Tag noch in frischer Gesundheit blühen. Die Frau Gr– St–[53] ist eine wahrhaft zweite Niobe, nur mit dem Unterschied, daß Apollos tötendes, Geschoß ohne Unterschied Söhne und Töchter traf, dort aber der Würgengel an allen Töchtern vorüberging und nur die Söhne erschlug.

Und nicht bloß seltsam, sondern einem Wunder ähnlich ist es, daß der Würgengel schon gleichsam an der Wiege beider Knaben steht und diese mitten aus der Reihe seiner Schwestern herausgreift. Zwischen den beiden Prinzessinnen L.[54] und J.[55] stirbt der

---

[51] Anmerk. d. Hrsg.: Feuerbach meint hier das Haus Baden.

[52] Anmerk. d. Hrsg.: Das Geschlecht der Zähringer.

[53] Anmerk. d. Hrsg.: Großherzogin Stephanie von Baden.

[54] Anmerk. d. Hrsg.: Luise * 5. Juni 1811.

erstgeborene Prinz N. N.[56] am 16. Oktober 1812, zwischen den Prinzessinnen J. und M.[57] stirbt am 8. Mai 1817 der Prinz A.[58] Diese Sterbefälle widerstreiten fürwahr jeder physiologischen Wahrscheinlichkeit. Wie wäre es erklärbar, daß eine Mutter demselben Vater lauter gesunde Töchter und als Söhne nur Sterblinge gebiert? In dieser ganzen Begebenheit scheint so viel System, so viel Berechnung hindurch, wie sie nicht dem Zufall, sondern nur menschlichen Absichten und Plänen zuzutrauen ist. Oder man müßte glauben, die Vorsehung selbst habe einmal in den gewöhnlichen Lauf der Natur eingegriffen und Außerordentliches getan, um einen *coup de politique* auszuführen.

Wer bei dem Aussterben des Mannesstammes in der Linie des Gr– C.[59] das nächste, das unmittelbarste Interesse hatte, war unstreitig die Mutter der Herren Grafen H. mit ihren Söhnen. Denn waren ihre Kinder aus morganatischer Ehe für sukzessionsfähig anerkannt und war der Mannesstamm im Haus des Gr– C. untergegangen; so mußte wohl nach kurzer Zeit die Sukzession an die H-sche[60] Familie kommen.

---

[55] Anmerk. d. Hrsg.: Josephine * 21. Oktober 1813.

[56] Anmerk. d. Hrsg.: Der vermutlich nach Feuerbach mit Kaspar Hauser identisch ist. * 29. September 1812.

[57] Anmerk. d. Hrsg. Marie * 11 Oktober 1817.

[58] Anmerk. d. Hrsg.: Alexander * 30. April 1816.

[59] Anmerk. d. Hersg.: Großherzog Karl von Baden * 8. Juni 1786 - † 8. Dezember 1818.

[60] Anmerk. d. Hersg: D. i. die Hochberg'sche Familie.

Die Gräfin H. wird überdies als eine Dame bezeichnet, welche gegen die Gemahlin[61] des Gr– C. tiefen Haß getragen, welche dabei von unbegrenztem Ehrgeiz und eines solchen Charakters sei, der sie um die Mittel zu ihren Zwecken wenig verlegen mache.

Nun aber komme ich zu einem Umstand, der an sich selbst so klein und unbedeutend ist, daß er sich lange Zeit der Aufmerksamkeit entzog, bis er durch Zusammenhaltung mit einigen genealogischen Tatsachen, nach welchen der Verfasser dieser Schrift lange vergebens gestrebt hatte – sie sind ihm erst vor einigen Wochen aus Frankfurt mitgeteilt worden – seinen Verdacht bis zur moralischen Gewißheit steigerte.

In dem Brief, welcher dem armen Kaspar bei seiner Aussetzung in die Hand gegeben worden ist, in Verbindung mit der Einlage zu jenem Brief[62], sind unter anderen folgende Angaben enthalten: es sei

1) Kaspar geboren am 30. April 1812;

2) er sei dem Unbekannten gelegt worden am 7. Oktober 1812.

Hiermit treffen nun, bis auf unbedeutende, leicht erklärbare Abweichungen, die verhängnisvollen Epochen der Geburt und des Todes beider Prinzen,

---

[61] Anmerk. d. Hrsg. Stephanie de Beauharnais, Adoptivtochter des franz. Kaisers Napoleon I.

[62] Vergl. Feuerbachs Schrift über Kaspar Hauser S. 12-15. (Anmerk. d. Hrsg.: In der Ausgabe 1832.)

besonders aber des erstgeborenen N. N. wunderbar zusammen. Nämlich:

1) der Prinz N. N. ist geboren im Jahre 1812, gestorben im Jahre 1812. In demselben Jahre 1812 ist, nach jener Angabe, Kaspar geboren, und auch in demselben Jahre 1812 angeblich als Findelkind dem Unbekannten gelegt worden (d. h. aus seiner Familie verschwunden, und in die Gewalt des Unbekannten gekommen.)

2) Selbst der Monat des Todes des Prinzen N. N. trifft mit dem Monat der angeblichen Aussetzung des Kindes Kaspar bei jenem Unbekannten überein. Der Oktober ist für beide verhängnisvoll; in diesem Monat desselben Jahres stirbt Prinz N. N. und wird Kaspar ausgesetzt. Nun ist zwar

3) nicht nur eine kleine Differenz in dem Monatstag – dort der 16. Oktober, hier der 7. Oktober – sondern auch eine Abweichung in den Geburtstagen, indem der Prinz am 29. September geboren wurde, Kaspar aber am 30. April zur Welt gekommen sein soll. Allein jene Differenz zwischen dem 7. und 16. desselben Monats ist an sich höchst unbedeutend und leicht erklärbar, dagegen ist wieder

4) der 30. April, welcher dem Kaspar als Geburtstag beigelegt wird, von höchster Bedeutung. Dieser ist nämlich gerade der Geburtstag des zweiten Prinzen A.

Die Ursachen dieser Übereinstimmungen und Abweichungen sind nicht schwer zu erklären. Es ist leicht möglich, daß der Unbekannte, der von dem

Geburts- und angeblichen Todesjahr Kaspars im allgemeinen gute Kenntnis hatte, in den einzelnen Datis sich im Irrtum befand, den Geburtstag des zweiten Prinzen (30. April) mit dem des ersten verwechselte, und sich, während ihm der Oktober als Sterbemonat noch im treuen Gedächtnis lag, nur in dem Monatstag vergriff (statt des 16. Oktober der 7. – ein unbedeutender Unterschied von 8 bis 9 Tagen.)

Indessen scheint mir die Abweichung ganz absichtlich aus guten Gründen geschehen zu sein.

Derjenige, der unseren Kaspar in Gewahrsam hatte, ihn nach Nürnberg brachte oder schaffte und den Brief nebst Beilage schrieb oder schreiben ließ, war höchstwahrscheinlich ein katholischer Geistlicher, vielleicht ein Klostergeistlicher. Diesem, der auch, wie die demselben mitgegebenen geistlichen Büchlein bekunden, für Kaspars Seelenheil besorgt war, mußte es eine große Verruchtheit dünken, den Unglücklichen ohne allen Ausweis über seine Geburt in die Welt zu stoßen. Wäre aber dieser Mann dem rechten Datum in allem vollkommen getreu geblieben; so mußte er mit Recht eine nur zu schnelle Entdeckung befürchten. Um daher in der Hauptsache bei der Wahrheit zu bleiben, ohne das Geheimnis zu verraten, mußte der Wahrheit etwas Lüge beigemischt werden, und so wurde denn, um auch so noch von der Wahrheit so wenig als möglich abzuweichen, bloß ein Datum im richtig angegebenen Monat (Oktober) um einige Tage zurückgeschoben, und ihm nebenbei der

30. April aus dem Leben seines jüngeren Bruders beigelegt.

Nicht unbedeutend ist es, daß nicht lange nach dem Erscheinen Kaspars zu Nürnberg sich das Gerücht – und zwar von B– her, verbreitete: Kaspar sei ein für tot ausgegebener Prinz des B–schen Hauses und zwar ein Sohn der Gr– S–[63]; daß dieses Gerücht von Zeit zu Zeit wieder laut geworden ist, am lautesten aber in der neuesten Zeit; daß neuerlich unter der Form einer angeblichen Geistererscheinung, von welcher öffentliche Blätter erzählten, die Behauptung angedeutet wurde, die Familie H. besitze durch Usurpation den Thron, es sei noch ein echter Prinz am Leben; daß sogar erst vor einigen Tagen, aus einer Stuttgarter Zeitung, in einem Augsburger Blatt die Behauptung zu lesen war: „Kaspar Hauser sei der mutmaßliche Prätendent von B–." Gerüchte sind freilich nur Gerüchte, sind aber darum nicht zu verachten; sie fließen oft aus sehr echten Quellen; sie haben, wo es geheimen Verbrechen gilt, häufig darin ihre Entstehung, daß der eine oder andere Mitwissende geplaudert hat, mit seinem Vertrauen zu freigebig gewesen oder sonst eine verräterische Unvorsichtigkeit begangen hat, oder weil ein Mitschuldiger, um sein Gewissen zu erleichtern, oder um sich wegen getäuschter Hoffnungen zu rächen u. dergl., im Stillen die Entdeckung der Wahrheit herbeizuführen sucht,

---

[63] Anmerk. d. Hrsg.: Großherzogin Stephanie.

ohne an sich selbst zum Verräter werden zu müssen usw.

Aus diesen Gründen zählen die Rechtsgelehrten auch Gerüchte (die *faman publicam*) zu den Anzeigungen (Indizien) von Verbrechen und deren Urhebern oder Teilnehmern.

Zu dieser Ausgabe.

Der Text dieser Ausgabe folgt dem Buch: *Kaspar Hauser. Beispiel eines Verbrechens am Seelenleben des Menschen von Anselm Ritter von Feuerbach.* Ansbach 1832.

Das *Memoire* ist gezogen aus: *Anselm Ritter von Feuerbach's Leben und Wirken aus seinen ungedruckten Briefen und Tagebüchern, Vorträgen und Denkschriften veröffentlicht von seinem Sohne Ludwig Feuerbach.* Zweiter Band. Leipzig 1852.

Der Text wurde zum besseren Verständnis des heutigen Lesers in die traditionelle deutsche Rechtschreibung übertragen und sprachlich bearbeitet. Davon ausgenommen sind lediglich wörtliche und schriftliche Zitate von Kaspar Hauser selbst, da diese in unbereinigtem Zustand am aussagekräftigsten sind. Einige weitere erklärende Fußnoten wurden vom Herausgeber hinzugefügt.